Latein positiv!
1. Lernjahr

Maria Anna Steiner-Klement

Latein positiv!

1. Lernjahr
für die 3. Klasse Gymnasium oder die 5. Klasse Realgymnasium

Lösungsheft

6. Auflage

ÖBV Pädagogischer Verlag, Wien

1. Teil: Grammatik mit Übungen

Seite 16

Bilde zu folgenden Adjektiva Komparativ und Superlativ:

veterior, ius — veterrimus 3
clarior, ius — clarissimus 3
fortior, ius — fortissimus 3
diligentior, ius — diligentissimus 3
melior, ius — optimus 3
plures, a — plurimi 3
miserior, ius — miserrimus 3
rectior, ius — rectissimus 3

Seite 18

Bilde zu folgenden Adverbia Komparativ und Superlativ:

celerius — celerrime
clarius — clarissime
melius — optime
miserius — miserrime
fortius — fortissime
prudentius — prudentissime
diligentius — diligentissime
acrius — acerrime
amplius — amplissime
brevius — brevissime
constantius — constantissime
ferocius — ferocissime
firmius — firmissime
gravius — gravissime

Seite 19

Bezeichne die Adjektiva mit Adj. bzw. die Adverbia mit Adv. und übersetze:

(celeriter: *Adv.*) Die Kinder laufen schnell.
(fortissime: *Adv.*) Hektor kämpfte sehr tapfer.
(recte: *Adv.*) Du sagst richtig.
(pulcherrimae: *Adj.*) Die Häuser jenes Dorfes sind sehr schön.
(fortius: *Adv.*) Wer verteidigte Troja tapferer als Hektor?
(diligenter: *Adv.*) Die römischen Bauern arbeiten fleißig auf den Äckern.
(bene, fortiter, sapienter: *Adv.*) Dieser Mann handelte gut, tapfer und weise.
(miserius: *Adv.* — miserrimi: *Adj.*) Wer lebt unglücklicher als jene sehr unglücklichen Gefangenen?
(beatus: *Adj.*) Niemand ist vor dem Tod glücklich.
(beatius: *Adj.*) Es ist beglückender zu geben als zu nehmen.
(sapienti: *Adj.* — iocosa: *Adj.*) Jene scherzhaften Worte gefallen einem weisen Mann.
(fortius: *Adv.*) Die Römer kämpfen tapferer als die Germanen.
(constantissimi: *Adj.*) Die sehr standhaften Männer werden von allen gelobt.
(feliciores: *Adj.*) Die Bewohner Italiens sind glücklicher als die anderer Länder.
(celebrior: *Adj.*) Keine Stadt ist berühmter als Rom.
(similior: *Adj.*) Wer war Alexander (dem Großen) ähnlicher als Kaiser Titus?

(simillimi: *Adj.*) Die Brüder sind sehr ähnlich.
(beate — beatius: *Adv.*) Servianus lebt glücklich; niemand lebt glücklicher als er.
(pulchre: *Adv.*) Wir hörten die Stimmen der Kinder, die schön sangen. (Part. coni.)
(fortissime: *Adv.*) Dieser Mann handelte sehr tapfer.
(bene: *Adv.*) Handelt gut!
(optime: *Adv.*) Die (wilden) Tiere werden sehr gut (bestens) gefüttert.
(celerrime: *Adv.*) Obwohl die Feinde sehr schnell flüchteten, fielen (starben) sie dennoch.

Welches Wort paßt nicht in die Vierergruppe? Kreuze es an!

necessarius *(Adj.; die übrigen Formen sind Adv.)* — pulchre *(Adv.; die übrigen Formen sind Adj.)* — optimus *(Sup.; die übrigen Formen sind Positive.)* — egregius *(Adj. Positiv; die übrigen Formen sind Komparative.)* — beatus *(Positiv; die übrigen Formen sind Superlative.)* — miser *(Adj. der a- und o-Deklination; die übrigen Formen sind Adj. der Mischdeklination.)* — crudele *(Adj.; die übrigen Formen sind Adv.)* — pastores *(Substantiv; die übrigen Formen sind Adj.)*

Seite 22

Übersetze:

Die Kinder arbeiten mit mir. — Wer von euch hat Cornelia besucht? — Jenes Landhaus gefällt mir. — Die Freunde erzählen von uns. — Cornelia denkt an dich. — Viele von uns sind schon in Italien gewesen. — Er geht mit euch spazieren. — Ihr denkt an uns, wir an euch. — Sie haben dich eingeladen. — Wenn du gesund bist, ist es gut, ich bin es. — Sie besuchen uns. — Er hat mir und dir viele Geschichten erzählt. — Wer denkt nicht an uns? — Lucius arbeitete viele Stunden mit uns. — Ich lud euch in mein Landhaus ein. — Du, mein Lucius, bist sicherlich in Rom gewesen.

Übersetze:

Mihi fabulam narrat. — Vos visitavimus. — Te exspectamus. — Me docuisti. — Nobis multa de Italia narraverunt. — Quis vestrum iam in Italia fuit? — Nos salutavit. — Te voco. — Mihi villa Lucii placet. — Vobiscum multas horas ambulavimus. — Vestri semper memor eram; vos quoque mei memores eratis? — Quis nostrum Romam et Athenas ignorat?

Ergänze zu den in Klammern stehenden Personalpronomina den erforderlichen Fall und übersetze:

(mihi) Die Kinder haben mir viel über Italien erzählt.
(tecum) Wer ist mit dir spazierengegangen?
(nobiscum) Lucius arbeitete mit uns viele Stunden auf den Feldern.
(nos) Der Lehrer lehrt uns die lateinische Sprache.
(te et me) Die Freunde haben dich und mich eingeladen.
(vobis) Wir sind euch dankbar.
(nostrum) Niemand von uns ging nach dem Nachtmahl spazieren.
(mecum) Lucius wohnt jetzt bei (mit) mir.
(tibi et Lucio) Wir beneiden dich und Lucius.
(vobiscum) Wie schön ist es, mit euch spazierenzugehen!
(te) Wir vermissen dich sehr.
(vestri) Ich denke an euch.
(me) Die Kinder erzählen viel von mir.

(nos) Lucius belehrte uns.
(nobis) Die Bücher des Vergil gefallen uns.
(vobis) Wir gehorchen euch.
(me) Er hilft mir.
(vobis) Sie beneiden euch.

Seite 24

Setze folgende Sätze in die 1. und 2. Person Sg. und Pl. und übersetze:

Ich habe meinen Großvater besucht.
Avum tuum visitavisti. Du hast deinen Großvater besucht.
Avum nostrum visitavimus. Wir haben unseren Großvater besucht.
Avum vestrum visitavistis. Ihr habt euren Großvater besucht.

Cum amico meo ambulavi. Ich bin mit meinem Freund spazierengegangen.
Cum amico tuo ambulavisti. Du bist mit deinem Freund spazierengegangen.
Cum amico nostro ambulavimus. Wir sind mit unserem Freund spazierengegangen.
Cum amico vestro ambulavistis. Ihr seid mit eurem Freund spazierengegangen.

Amicos meos desidero. Ich vermisse meine Freunde.
Amicos tuos desideras. Du vermißt deine Freunde.
Amicos nostros desideramus. Wir vermissen unsere Freunde.
Amicos vestros desideratis. Ihr vermißt eure Freunde.

Cum liberis meis laboravi. Ich habe mit meinen Kindern gearbeitet.
Cum liberis tuis laboravisti. Du hast mit deinen Kindern gearbeitet.
Cum liberis nostris laboravimus. Wir haben mit unseren Kindern gearbeitet.
Cum liberis vestris laboravistis. Ihr habt mit euren Kindern gearbeitet.

Amicae meae respondeo. Ich antworte meiner Freundin.
Amicae tuae respondes. Du antwortest deiner Freundin.
Amicae nostrae respondemus. Wir antworten unserer Freundin.
Amicae vestrae respondetis. Ihr antwortet eurer Freundin.

Seite 26

Übersetze:

Cornelia fuhr mit ihren Freunden von Italien nach Griechenland. Ihr Bruder blieb in Rom. — Die Mädchen und ihre Mutter unterstützen arme Menschen. — Die Bauern bestellen ihre Äcker; ihre Äcker sind fruchtbar. — Der Vater erzählt den Kindern viel über die Provinzen und ihre Bewohner. — Cornelia und Lucius reisen durch viele Provinzen. Ihr Vater ist ein Freund des Kaisers. — Viele Schriftsteller preisen die Tapferkeit und die Klugheit Hannibals. Erzähl mir über sein Leben! — C. Julius Cäsar führte seine Truppen auch nach Britannien und erschreckte dessen Bewohner. — Die Kinder gehorchen Servianus und seiner Gattin.

Seite 27

Bilde zu den in Klammern stehenden Demonstrativpronomina die erforderlichen Formen und übersetze:

Ich habe keinen schöneren Triumphzug als jenen gesehen.
(iis) Er schenkte diesen sehr treuen Sklaven die Freiheit.

(illius) Cicero war der berühmteste Redner jener Zeit.
(hanc) Der Vater erzählt den Kindern folgende Geschichte: „(hac) Unter diesem Baum tötete ein Löwe ein Mädchen; (hoc) deshalb errichteten seine Eltern dieses Grabmal."
(eodem) Wir wurden am selben Tag geboren.
(ei) Wir sind diesem sehr treuen Sklaven dankbar.
(eam) Deshalb eilte Cäsar nach Gallien.

Seite 28

Übersetze:

Eum vocaverunt. — Ei librum damus. — Cum iis ambulo. — Ea spectavit. — Nonnullos dies apud eos (eas) eram. — Wer von ihnen hat euch das erzählt? (Wer von ihnen erzählte euch das?) — Wir haben sie besucht. (Wir besuchten sie.) — Ich beneide sie (ihn). — Erzählt ihnen alles! — Danke ihnen! — Wir haben sie gesehen. (Wir sahen sie.) — Ich denke an sie. — Ich gehorchte ihr (ihm). (Ich habe ihr [ihm] gehorcht.) — Wir haben ihn eingeladen. (Wir luden ihn ein.) — Wir wurden von ihm eingeladen. (Wir sind von ihm eingeladen worden.) — Ich war mit ihr in Rom. (Ich bin mit ihr in Rom gewesen.)

Seite 29

Übersetze:

Ei librum damus. — Puellae in Italiam migraverunt. Earum avus aeger est. — In oppidum properatis. — Villa (domus) ei placet. — Si (vos) valetis, gaudeo. — Iulia tristis est. Pater eius vulneratus est. — Ei multa de Italia narravi. — Iulia, ut mihi Lucius narravit, apud vos est. Certe iam saepe cum ea ambulavistis. — Lucius et Iulia Romae sunt, pater eorum in Africa. — Cornelia apud amicos est; saepe cum ea ambulant. — Ei villam (domum) monstrate! — Cornelia eiusque pater nos visitaverunt.

Seite 30

1. Woran erkennst du die Konjugation?
Am Stamm (vgl. 1. P. Sg. und Infinitiv)

2. Warum spricht man von einer Mischkonjugation?
Einige Formen werden nach der konsonantischen, einige nach der i-Konjugation gebildet.

3. Was fällt dir in der 1. P. Sg. der a-Konjugation auf?
Der Stammvokal —a— wird mit der Personalendung —o zu „o" kontrahiert (zusammengezogen).

Seite 31

Bilde zu den oben angeführten Verba die 2. P. Sg. und die 3. P. Pl.:

2. P. Sg.

Präsensstamm			Endung
laud	a		s
doc	e		s
aud	i		s
leg	—	i —	s
cap	—	i —	s
	Stammvokal	Bindevokal	

3. P. Pl.

Präsensstamm			Endung
laud	a ————————		nt
doc	e ————————		nt
aud	i —	u —	nt
leg	—	u —	nt
cap	i —	u —	nt
	Stammvokal	Bindevokal	

Seite 33

Bestimme bei folgenden Zeitwortformen Person, Zahl, aktiv oder passiv und übersetze:

Präsens

3. P. Pl. akt.	sie helfen (unterstützen)
3. P. Pl. pass.	sie werden erbaut
1. P. Sg. akt.	ich wünsche (vermisse)
2. P. Sg. akt.	du schenkst
3. P. Sg. pass.	er (sie, es) wird belehrt
2. P. Sg. pass.	du wirst gesehen (scheinst)
3. P. Pl. pass.	sie werden verwüstet
2. P. Pl. akt.	ihr gebt
2. P. Pl. pass.	ihr werdet befreit
3. P. Sg. akt.	er (sie, es) hält fern (wehrt ab)

Seite 34

Imperfekt

3. P. Pl. pass.	sie wurden belehrt
3. P. Pl. pass.	sie wurden ferngehalten (abgewehrt)
1. P. Pl. akt.	wir saßen
1. P. Sg. akt.	ich reiste
3. P. Sg. pass.	er (sie, es) wurde gegeben
1. P. Sg. pass.	ich wurde befreit
3. P. Sg. akt.	er (sie, es) saß
2. P. Pl. akt.	ihr wart gesund
1. P. Pl. pass.	wir wurden erfreut
2. P. Sg. akt.	du segeltest (fuhrst mit dem Schiff)

Futur

1. P. Sg. pass.	ich werde gesehen werden (ich werde scheinen)
3. P. Pl. pass.	sie werden belehrt werden
1. P. Sg. akt.	ich werde fernhalten (abwehren)
1. P. Pl. akt.	wir werden reisen
2. P. Pl. pass.	ihr werdet erfreut werden

2. P. Sg. pass.	du wirst belehrt werden
1. P. Sg. akt.	ich werde erzählen
2. P. Sg. akt.	du wirst segeln (mit dem Schiff fahren)
3. P. Sg. pass.	er (sie, es) wird gefeiert werden
1. P. Pl. akt.	wir werden besuchen

Seite 35

Bilde zu folgenden Zeitwortformen die entsprechenden Formen von diligere *(konsonantische Konjugation) und übersetze:*

diligere	*Übersetzung*
diligunt	sie lieben[1]
diligentur	sie werden geliebt werden
diligo	ich liebe
diligebam	ich liebte
diligetis	ihr werdet lieben
diligeris	du wirst geliebt werden
diligebam	ich liebte
diligimus	wir lieben
diliget	er (sie, es) wird lieben
diligitur	er (sie, es) wird geliebt
diligis	du liebst
diligeris	du wirst geliebt
diligemus	wir werden lieben
diligit	er (sie, es) liebt
diligebam	ich liebte
diliget	er (sie, es) wird lieben
diligitis	ihr liebt
diligo	ich liebe
diliguntur	sie werden geliebt
diligunt	sie lieben
diligetur	er (sie, es) wird geliebt werden
diligeris	du wirst geliebt
diligunt	sie lieben
diligebantur	sie wurden geliebt
diligit	er (sie, es) liebt

[1] Statt „lieben“ kann auch die Übersetzung „schätzen“ verwendet werden.

Seite 36

Bilde zu folgenden Zeitwortformen die entsprechenden Formen von vincire *(i-Konjugation) und übersetze:*

vincire	*Übersetzung*
vincit	er (sie, es) fesselt
vincitis	ihr fesselt
vinciuntur	sie werden gefesselt

vincire	*Übersetzung*
vincimus	wir fesseln
vincietis	ihr werdet fesseln
vinciemus	wir werden fesseln
vincitis	ihr fesselt
vinciris	du wirst gefesselt
vincies	du wirst fesseln
vinciam	ich werde fesseln
vincieris	du wirst gefesselt werden
vincis	du fesselst
vinciebamus	wir fesselten
vincit	er (sie, es) fesselt
vinciebant	sie fesselten
vincitis	ihr fesselt
vincient	sie werden fesseln
vincietur	er (sie, es) wird gefesselt werden
vincimus	wir fesseln
vinciebam	ich fesselte
vincitur	er (sie, es) wird gefesselt
vinciris	du wirst gefesselt
vinciunt	sie fesseln
vincis	du fesselst

Seite 37

Bilde zu folgenden Zeitwortformen die entsprechenden Formen von afficere *(Mischkonjugation) und übersetze:*

afficere (behandeln)	*Übersetzung*
afficietur	er (sie, es) wird behandelt werden
afficimus	wir behandeln
afficiunt	sie behandeln
afficiebat	er (sie, es) behandelte
afficiebaris	du wurdest behandelt
afficieris	du wirst behandelt werden
afficient	sie werden behandeln
afficiuntur	sie werden behandelt
afficitur	er (sie, es) wird behandelt
afficis	du behandelst
afficitis	ihr behandelt
afficit	er (sie, es) behandelt
afficiuntur	sie werden behandelt
afficiebantur	sie wurden behandelt
afficientur	sie werden behandelt werden
afficimini	ihr werdet behandelt
afficiunt	sie behandeln

afficere (behandeln)	*Übersetzung*
afficit	er (sie, es) behandelt
afficiunt	sie behandeln
afficiebas	du behandeltest
afficimini	ihr werdet behandelt
afficiam	ich werde behandeln

Seite 39

Bestimme bei folgenden Zeitwortformen Person, Zahl, Perfekt/Plusquamperfekt, akt./pass. und übersetze:

2. P. Pl.	Perf. pass.	ihr seid eingeladen worden
3. P. Sg.	Plquperf. akt.	er hatte belehrt
3. P. Pl.	Perf. akt.	sie haben geschickt
2. P. Pl.	Perf. akt.	ihr habt erzählt
3. P. Sg.	Perf. pass.	(es ist erzählt worden) man hat erzählt
3. P. Pl.	Perf. pass.	sie sind gesehen worden
3. P. Sg.	Perf. akt.	er (sie, es) ist gewesen
3. P. Pl.	Perf. akt.	sie haben verehrt
3. P. Pl.	Plquperf. pass.	sie waren erwartet worden
3. P. Pl.	Plquperf. pass.	sie waren belehrt worden
2. P. Pl.	Plquperf. akt.	ihr hattet gearbeitet
2. P. Pl.	Perf. akt.	ihr habt befohlen
2. P. Sg.	Perf. pass.	du bist gelobt worden
2. P. Sg.	Perf. akt.	du hast gelesen
2. P. Pl.	Plquperf. pass.	ihr wart geliebt worden
1. P. Sg.	Perf. akt.	ich bin geblieben
1. P. Pl.	Perf. pass.	wir sind besiegt worden
3. P. Sg.	Plquperf. pass.	sie war belehrt worden
3. P. Sg.	Perf. akt.	er hat erzählt
3. P. Sg.	Perf. pass.	es ist verwüstet worden
3. P. Pl.	Plquperf. akt.	sie hatten besiegt

Seite 40

Bilde zu folgenden Zeitwortformen die entsprechenden Perfektformen und übersetze:

moti(3) sunt	sie sind bewegt worden
sedit	er (sie, es) ist gesessen
legimus	wir haben gelesen
interrogatus(a) es	du bist gefragt worden
iussistis	ihr habt befohlen
liberati(ae) sumus	wir sind befreit worden
manserunt	sie sind geblieben
navigaverunt	sie sind gesegelt (mit dem Schiff gefahren)
obtemperavistis	ihr habt gehorcht
nupsit	sie hat geheiratet

perturbati(3) sunt	sie sind verwirrt worden
praebuisti	du hast gereicht
fuit	er (sie, es) ist gewesen
responsum est	es ist geantwortet worden
protectus(3) est	er (sie, es) ist geschützt worden
salutati(ae) estis	ihr seid begrüßt worden
solvisti	du hast gelöst
superavi	ich habe (ge-)besiegt
tenuit	er (sie, es) hat gehalten
victi(ae) sumus	wir sind besiegt worden

Seite 41

Bilde zu folgenden Zeitwortformen die entsprechenden Futur-II-Formen:

vicero — vocatus(3) erit — navigaverimus — missi(3) erunt — visus(a) eris — visitaverint — docuerimus — invitati(ae) eritis — iusseris — adiuverint

Seite 42

*Bestimme bei folgenden Zeitwortformen (**aller** Konjugationen und **aller** Zeiten) Person, Zahl, Zeit, akt./pass. und übersetze:*

3. P. Pl. Plquperf. pass.	sie waren abgehalten worden
1. P. Sg. Plquperf. akt.	ich war geeilt
2. P. Pl. Futur akt.	ihr werdet eilen
3. P. Pl. Perf. akt.	sie haben geglaubt
2. P. Sg. Präs. akt.	du verläßt
2. P. Sg. Präs. (Futur) pass.	du wirst verlassen (werden)
3. P. Pl. Präs. akt.	sie lösen
1. P. Sg. Futur II akt.	ich werde gelöst haben
3. P. Sg. Präs. pass.	er (sie, es) wird gesehen
1. P. Sg. Impf. akt.	ich sah
2. P. Pl. Perf. akt.	ihr seid gewesen
3. P. Pl. Präs. pass.	sie werden aufgenommen (empfangen)
2. P. Sg. Präs. pass.	du wirst gefangen
2. P. Sg. Futur II akt.	du wirst gefangen haben
2. P. Pl. Präs. akt.	ihr kommt
2. P. Pl. Perf. akt.	ihr seid gekommen
2. P. Pl. Futur akt.	ihr werdet leben
2. P. Sg. Futur pass.	du wirst gehört werden
3. P. Pl. Präs. pass.	sie werden gehört
1. P. Pl. Plquperf. akt.	wir hatten gesungen
3. P. Sg. Perf. akt.	er (sie, es) hat mißfallen
3. P. Pl. Präs. akt.	sie schlafen
2. P. Pl. Futur akt.	ihr werdet flüchten
1. P. Pl. Präs. pass.	wir werden erwartet

Seite 44

Woran erkennst du im Lateinischen Subj. und O_4? Woran im Deutschen?

Im Lateinischen erkennt man Subj. und O_4 an der Endung; im Deutschen an der Wortstellung.

Seite 45

Könntest du bei den letzten beiden Sätzen auch Subj. und O_4 vertauschen?

Nein, da die Sätze keinen Sinn ergäben.

Seite 51

Bilde die erforderlichen Fälle der dargestellten Dinge und übersetze:

apud Lucium: bei Lucius
apud Corneliam: bei Cornelia
post raedam: hinter dem Wagen
sub arborem: unter den Baum (wohin?)
sub arbore: unter dem Baum (wo?)
sine Lucio: ohne Lucius
sine Cornelia: ohne Cornelia
praeter templum: am Tempel vorbei

Seite 52

ex Italia: aus Italien
cum Lucio: mit Lucius
trans Danuvium: jenseits der Donau
prope castra: in der Nähe des Lagers, nahe dem Lager

Seite 54

Dekliniere Singular und Plural:

Sg.	1 agricola bonus	Pl.	agricolae boni
	2 agricolae boni		agricolarum bonorum
	3 agricolae bono		agricolis bonis
	4 agricolam bonum		agricolas bonos
	5 agricola bone		agricolae boni
	6 agricola bono		agricolis bonis
Sg.	1 templum celebre	Pl.	templa celebria
	2 templi celebris		templorum celebrium
	3 templo celebri		templis celebribus
	4 templum celebre		templa celebria
	6 templo celebri		templis celebribus
Sg.	1 vir prudens et dives		viri prudentes et divites
	2 viri prudentis et divitis		virorum prudentium et divitum
	3 viro prudenti et diviti		viris prudentibus et divitibus

	4	virum prudentem et divitem		viros prudentes et divites
	5	vir prudens et dives		viri prudentes et divites
	6	viro prudenti et divite		viris prudentibus et divitibus
Sg.	1	imperator bonus	Pl.	imperatores boni
	2	imperatoris boni		imperatorum bonorum
	3	imperatori bono		imperatoribus bonis
	4	imperatorem bonum		imperatores bonos
	5	imperator bone		imperatores boni
	6	imperatore bono		imperatoribus bonis
Sg.	1	illa turris alta	Pl.	illae turres altae
	2	illius turris altae		illarum turrium altarum
	3	illi turri altae		illis turribus altis
	4	illam turrim altam		illas turres altas
	6	illa turri alta		illis turribus altis
Sg.	1	exercitus Romanus		exercitus Romani
	2	exercitus Romani		exercituum Romanorum
	3	exercitui Romano		exercitibus Romanis
	4	exercitum Romanum		exercitus Romanos
	5	exercitus Romane		exercitus Romani
	6	exercitu Romano		exercitibus Romanis
Sg.	1	ea res pulchra	Pl.	eae res pulchrae
	2	eius rei pulchrae		earum rerum pulchrarum
	3	ei rei pulchrae		iis rebus pulchris
	4	eam rem pulchram		eas res pulchras
	6	ea re pulchra		iis rebus pulchris

Bilde zu folgenden Wortblöcken den Abl. Sg. und den Gen. Pl.:

Abl. Sg.	*Gen. Pl.*
genere nobili	generum nobilium
genere nobiliore	generum nobiliorum
illo homine divite	illorum hominum divitum
vi magna	virium magnarum
urbe antiqua	urbium antiquarum
omni mari	omnium marium
milite vetere	militum veterum
oratore paupere	oratorum pauperum
puero prudenti	puerorum prudentium

Seite 55

Übersetze:

Wir luden Titus und Lucius, unsere Freunde, in unsere Villa ein. — Wer kennt Sizilien, jene sehr schöne Insel, nicht? — Oft denke ich an Lucius, meinen Freund. — Oft erzählte ich meinem Freund Lucius (Lucius, meinem Freund) Geschichten. — Romulus gründete, wie die Sage besagt (ist), Rom, eine schöne Stadt. — Äneas, der Sohn der Venus und des Anchises, floh aus Troja. — Ich beneide Julia, meine Freundin, daß sie nach Italien reiste.

Seite 56

Wiederhole sämtliche Satzglieder und Satzgliedteile und übersetze:

Cornelia erzählt.
Cornelia erzählt eine Geschichte.
Cornelia erzählt Lucius eine Geschichte.
Frühmorgens erzählt Cornelia Lucius eine Geschichte.
Frühmorgens erzählt Cornelia Lucius mit Begeisterung eine Geschichte.
Frühmorgens erzählt Cornelia Lucius im Garten mit Begeisterung eine Geschichte.
Frühmorgens erzählt Cornelia Lucius im reizend gelegenen Garten mit großer Begeisterung eine lustige Geschichte.
Frühmorgens erzählt Cornelia Lucius im reizend gelegenen Garten des Großvaters mit großer Begeisterung eine lustige Geschichte.
Frühmorgens erzählt Cornelia Lucius in jenem reizend gelegenen Garten des Großvaters mit großer Begeisterung eine lustige Geschichte.
Frühmorgens erzählt Cornelia ihrem Freund Lucius in jenem reizend gelegenen Garten des Großvaters mit großer Begeisterung eine lustige Geschichte.

Seite 58

Ergänze die fehlenden Relativpronomina und übersetze:

(quarum) Die Frauen, deren Kinder in größter Gefahr waren, beteten zu den Göttern.
(quem) (cui) (qui) C. Julius Cäsar war der bedeutendste (größte) Feldherr, den das römische Volk sehr schätzte, dem die römischen Truppen gehorchten und der Gallien unterwarf.
(quibus) Die Lehrer, von denen die Kinder unterrichtet werden, sind tüchtig.
(quo) Lucius erzählte viel über den Brand, durch den Rom zerstört wurde.
(quae) Wir haben schon viele Tempel besichtigt, die die Römer den Göttern und Göttinnen errichteten.
(quibus) Die Mädchen, denen ich schon viele Geschichten erzählt habe, erwarten mich mit sehr großer Sehnsucht.
(quos) Einige gehen aus Liebe zu den Ihren, die sie retten wollen (zu retten versuchen), zugrunde.
(quarum) Die Mütter, deren Kinder von den Flammen eingeschlossen sind, beten zu den Göttern und bitten die Männer um Hilfe.
(quam) Der Altar, bei dem die Soldaten den Göttern und Göttinnen opfern, ist inmitten des Lagers aufgestellt.
(quibus) Cäsar führte die Legionen, die er befehligte, auch nach Britannien.
(quibus) Die Dinge, an denen wir Freude haben, hüten wir mit sehr großer Umsicht.
(quam) Wir sahen den Tempel der Concordia, den die Römer in früher Zeit (in alten Zeiten) erbauten, vom Kapitol aus.
(qui) Einige Männer, die den Frauen und Kindern halfen, kamen in den Flammen (von Flammen umgeben) um.
(quae) Die Zahl der Gebäude, die der Brand zerstörte, ist groß.

Übersetze:

Lucius, cuius pater legatus Norici erat, amicis multa de Germanis narrat, qui trans Danuvium habitant.
Romani diis, quorum auxilio populos regebant, multa templa aedificaverunt.
Amici, quos visitavimus, nunc in Italia sunt.
Avum diligo (amo), apud quem aestatem agere soleo.

Seite 60

Übersetze und beantworte in lateinischer Sprache:

Belagerten nicht die Griechen Troja? Graeci Troiam oppugnaverunt. — Erzählte Lucius Cornelia über den Trojanischen Krieg? Lucius Corneliae de bello Troiano (non) narravit. — Reiste Lucius etwa allein nach Italien? Lucius solus in Italiam non migravit. — Habt ihr vom (über den) Brand Roms gehört? De incendio Romae (non) audivimus. — Wird nicht Servianus von vielen geliebt? Servianus a multis diligitur. — Wirst du etwa bei Schönwetter zu Hause bleiben? Caelo sereno domi non manebo. — Habe ich dir nicht davon erzählt (über diese Sache)? Mihi de ea re narravisti. — Hast du nicht jene schönen Gebäude in Rom (Roms) gesehen? Aedificia pulchra Romae vidi.

Beantworte in lateinischer Sprache und übersetze:

Der Tempel wurde nicht zerstört. — Liberi in horto ludunt. Die Kinder spielen im Garten. — Liberi raeda migrant. Die Kinder reisen im (mit dem) Wagen. — Rana cum natis suis in prato ambulat. Der Frosch geht mit seinen Jungen auf der Wiese spazieren. — Castra ad Danuvium collocata sunt. Die Lager (Das Lager) sind (ist) an der Donau errichtet.

Seite 62

Übersetze:

Quem in Italia visitavistis? — Cur (Quare) Lucius a magistro laudatus est? — Quomodo Troia a Graecis deleta est? — Quod oppidum visitavisti? — Welche Menschen erfreuen sich an den grausamen Spielen? — Welche Völker besiegten die Römer? — Für welchen Kaiser beschloß der Senat einen Triumph? — An welchen Mann denkst du? — Welche Geschichte erzählte dir der Vater? — An welchen Spielen nahmt ihr in Rom teil? — Welche Städte Italiens besuchten sie? — Welche Gebäude waren durch den Brand zerstört worden? — Welchem Volk waren die Römer feindlich gesinnt? — Welches Volk war für die Römer gefährlich? — Von welchen Göttern liegt der Tempel auf dem Kapitol? — Welchen Tempel hast du besichtigt? — Wo liegt der Tempel der Vesta? — Wann besiegten die Germanen die Römer? — Wer verteidigte Troja tapferer als Hektor?

Übersetze:

Blieb Lucius zu Hause, oder reiste er mit dem Vater nach Italien? — Wird der Vater Lucius nach Athen oder nach Sizilien schicken? — Wurde die Familie des Plinius aus der brennenden Stadt gerettet, oder ging sie zugrunde? — Werdet ihr bei Schönwetter im Garten spielen oder auf dem Fluß segeln? — Besiegte Cäsar die Britannen oder nicht? — War Hektor tapferer oder Achill?

Seite 66

Worauf bezieht sich im AcI das Reflexivpronomen:

1. auf das Subjekt des übergeordneten Verbs,
2. auf den Subjektsakkusativ.

Seite 67

Bilde die Infinitive lateinisch und deutsch zu folgenden Zeitwörtern: ich lobe; ich sehe; ich schicke; ich höre

laudare	zu loben
laudari	gelobt zu werden

laudavisse	gelobt zu haben
laudatum(3) esse	gelobt worden zu sein
laudaturum(3) esse	loben zu (werden) wollen
videre	zu sehen
videri	gesehen zu werden
vidisse	gesehen zu haben
visum(3) esse	gesehen worden zu sein
visurum(3) esse	sehen zu (werden) wollen
mittere	zu schicken
mitti	geschickt zu werden
misisse	geschickt zu haben
missum(3) esse	geschickt worden zu sein
missurum(3) esse	schicken zu (werden) wollen
audire	zu hören
audiri	gehört zu werden
audivisse	gehört zu haben
auditum(3) esse	gehört worden zu sein
auditurum(3) esse	hören zu (werden) wollen

Seite 68

Übersetze:

Gleichzeitiger AcI

Mein Freund schrieb, daß er in Athen ist (er sei in Athen). — Cäsar sah, daß die Häduer von den Germanen geknechtet werden (in der Abhängigkeit der Germanen gehalten werden). — Diviciacus sagte, das Schicksal der Sequaner sei das traurigste (daß das Schicksal der Sequaner das traurigste sei); die Sequaner flehten bei den Römern um Hilfe. — Cäsar sagte, die Herrschaft des römischen Volkes sei in Gallien sehr berechtigt (daß die Herrschaft . . . sehr berechtigt ist). — Wer weiß nicht, daß Wien die schönste Stadt Österreichs ist? — Es steht fest, daß sehr viele Menschen unsere Heimat im Sommer besuchen. — Ich weiß, daß Lucius und seine Freunde bei Schönwetter auf dem Fluß segeln. — Wir wissen, daß viele Menschen mit ihrem Besitz nicht zufrieden sind.

Seite 69

Vorzeitiger AcI

Ich glaube, daß Lucius weise gehandelt hat. — Sie sagen, daß die Frauen und Kinder aus den Flammen gerettet worden sind. — Die Gesandten berichteten Cäsar, daß eine große Schar Germanen nach Gallien gekommen ist (eine große Schar Germanen sei . . .). — Wer weiß nicht, daß Gallien von Cäsar unterworfen wurde? — Ariovist antwortete Cäsar, daß niemand ohne sein Verderben mit ihm gekämpft habe (hat). — Diviciacus sagte, Ariovist, der König der Germanen, habe sich in den Gebieten der Sequaner niedergelassen und die Sequaner aus ihren Gebieten vertrieben. — Servianus sagt den Kindern, daß die Furcht vor den Carthagern viele Jahre in Rom groß gewesen ist, daß aber im 3. Punischen Krieg die Carthager durch die Tapferkeit der Römer besiegt und ihre Stadt zerstört worden ist. — Wir lasen (Wir lesen), daß der römische Staat viele Jahrhunderte durch die Tapferkeit und Klugheit standhafter Männer gegen die Barbaren verteidigt worden sei (ist). — Vergil erzählt, daß Äneas mit wenigen Gefährten aus Troja geflohen (ist) und nach Latium gefahren ist.

Nachzeitiger AcI

Achill wußte, daß sein Leben von kurzer Dauer sein werde (sein Leben werde von kurzer Dauer sein). — Die Kinder hofften, daß der Vater ihnen das Lager zeigen wird (werde). — Ariovist antwortete Cäsar, er werde den Häduern die Geiseln nicht zurückgeben und weder ihnen noch ihren Verbündeten ungerechtfertigt (mit Unrecht) den Krieg erklären. — Lucius schrieb mir, er werde mit den Eltern viele Städte Italiens besichtigen. — Hannibal schwor als Knabe, er werde immer ein Feind der Römer sein. — Titus glaubte, der Vater werde ihm das Lager zeigen. — Servianus sagte, er werde diesen Berg nicht besteigen. — Ich hoffe, daß die Freunde mich auf dem Land besuchen werden.

Übersetze:

Quis nescit Romam a Romulo conditam esse? — Corneliam in Italia esse dicit. — Caesar cognovit Sequanos Ariovisto obsides dedisse. — Ariovistum a Caesare superatum esse legimus. — Troiam a Graecis deletam esse scimus. — Lucius se aegrum fuisse nobis narravit. — Troiam a Graecis oppugnatam esse audivi.

Seite 70

Mache folgende Aussagesätze abhängig von Ariovistus respondet *bzw.* Caesari nuntiaverunt *und übersetze:*

1. Ariovistus respondet:
Haeduos bello superatos esse. A Sequanis se vocatum (esse) et in eorum finibus consedisse. Gallos stipendia pendere. Se Galliam relinquere in animo non habere. Galliam enim esse pulchriorem quam Germaniam.
Ariovist antwortet: Die Häduer seien im Krieg besiegt worden. Er sei von den Sequanern gerufen worden und habe sich in deren Gebieten niedergelassen. Die Gallier zahlten Tribute. Er habe nicht im Sinn, Gallien zu verlassen. Gallien sei nämlich schöner als Germanien.

2. Caesari nuntiaverunt:
Haeduos omnem nobilitatem amisisse. Germanos, homines feros et barbaros, in Galliam venire. Magnam partem Galliae a Germanis occupatam esse. Itaque Gallos a populo Romano auxilium petere. Nam Germanos exercitus Romanos timere.
Sie berichteten Cäsar: Die Häduer hätten die gesamte Nobilität verloren. Die Germanen, wilde und ungebildete Menschen, kämen nach Gallien. Ein großer Teil Galliens sei von den Germanen besetzt. Deshalb erflehten die Gallier vom römischen Volk Hilfe. Denn die Germanen fürchteten die römischen Heere.

Mache folgende Aussagesätze von Servianus liberis narrat *abhängig und übersetze:*

Servianus liberis narrat:
Italiam iam antiquissimis temporibus gloria belli floruisse. Italiam esse patriam virorum strenuorum poetarumque clarorum. Viros strenuos Italiam servare; poetas claros gloriam Italiae usque ad Parthos propagavisse. In Italia Romam sitam esse. Romam multos populos elementa litterarum docuisse. Romae multa aedificia publica et templa pulcherrima aedificata esse. Romam quotannis a multis viris feminisque visitari.

Servianus erzählt den Kindern:
Italien sei schon in ältester Zeit durch seinen Kriegsruhm bekannt gewesen. Italien sei die Heimat tapferer Männer und berühmter Dichter. Tapfere Männer schützten Italien; berühmte Dichter hätten den Ruhm Italiens bis zu den Parthern gebracht. Rom sei in Italien gelegen. Rom habe viele Völker die Grundbegriffe in Lesen und Schreiben gelehrt. In Rom seien viele öffentliche Gebäude und sehr schöne Tempel errichtet worden. Rom werde jährlich von vielen Männern und Frauen besucht.

Seite 72

Übersetze:

dici

Romulus und Remus sollen von Amulius ausgesetzt worden sein. — Nero soll Rom angezündet haben. — Wir alle sollen nach dem Beispiel der Eltern erzogen werden. — Hektor soll Troja tapfer verteidigt haben. — Die Griechen sollen die Trojaner in der Nacht überfallen und getötet haben. — Äneas soll der Stammvater des römischen Geschlechts gewesen sein. — Du sollst viele Länder besichtigt (besucht) haben. — Niemand soll bis zum Anfang der Wälder vorgedrungen sein. — Mars soll der Vater des Romulus und Remus gewesen sein. — Die Griechen sollen viele Trojaner im Schlaf (schlafend) getötet haben. — Äneas soll mit dem Sohn und dem Vater von (aus) Troja geflüchtet sein. — Mein Lucius, du sollst ein sehr fleißiger und gescheiter Bub sein. — Ihr sollt die sehr schönen Gebäude Roms (in Rom) besichtigt haben. — Tiere von unglaublicher Größe und Gestalt sollen in den Wäldern jenseits der Donau gelebt haben.

NB	Alle Sätze mit „dici“ können auch mit „Man sagt, daß . . .“ übersetzt werden.

videri

Manchmal sind Menschen, die glücklich zu sein scheinen, nicht glücklich. (Manchmal sind Menschen, die scheinbar glücklich sind, nicht glücklich.) — Du scheinst die Nachricht schon gehört zu haben. — Hannibal scheint klüger gewesen zu sein als andere Feldherren. — Ihr scheint schon viel über den Trojanischen Krieg gehört zu haben. — Lucius scheint schon viel über den Gallischen Krieg gelesen zu haben. — Viele arme Menschen scheinen glücklicher zu leben als reiche Menschen. — Du scheinst unglücklich zu sein. — Wir scheinen von vielen geschätzt zu werden. — Ihr scheint vielen Menschen geholfen zu haben.

NB	„videri“ + NcI kann auch mit „scheinbar“ übersetzt werden.

vetari/iuberi

Es wurde Cäsar vom Senat befohlen, das Heer zu entlassen. — Den Bewohnern der belagerten Stadt wurde es verboten, in der Nacht die Häuser zu verlassen. — Den Dienern wurde vom König befohlen, die Kinder auszusetzen. — Es wurde uns verboten, die Mauern zu übersteigen. — Es wurde den Kindern verboten, den grausamen Spielen beizuwohnen. — Es wurde Cornelia befohlen, über Rom zu erzählen. — Es wurde mir befohlen, den armen Menschen zu helfen. — Es wurde uns verboten, die vom Brand zerstörten Häuser zu betreten.

Seite 74

Übersetze:

woher?	*wohin?*	*wo?*
vom Boden	auf den Boden	auf dem Boden
vom Land	auf das Land	auf dem Land
von zu Hause	nach Hause	zu Hause

Übersetze:

Lucius reist von Carnuntum nach Wien. Ein Freund des Lucius wohnt in Wien. Er erwartet Lucius zu Hause. Der Freund erzählt Lucius: „Vor kurzem bin ich mit dem Schiff von Passau nach Linz und von Linz nach Lorch gefahren. Nahe bei Lorch hat mein Großvater ein Landhaus. Ich verbrachte angenehme Tage auf dem Land. Manchmal fuhr ich mit dem Wagen vom Land in die Stadt. Wie schön war es, in Lorch spazierenzugehen und die Statuen berühmter Männer, den Tempel und die schönen Häuser zu besichtigen!“

Übersetze:.

Liberi legati diu Agunti erant. Deinde Agunto Teurniam, Teurnia Virunum migraverunt. Viruni domicilium legati est. Liberi autem ruri vitam agunt.

Seite 76

1. Worin stimmt das Participium coniunctum mit dem dazugehörigen Substantiv überein?
Das Participium coniunctum stimmt mit dem dazugehörigen Substantiv in Fall, Zahl und Geschlecht überein.

2. Welcher Gliedsatz wurde im Deutschen für das Participium coniunctum verwendet?
Ein Relativsatz.

Seite 77

Zähle auf

die verwendeten unterordnenden Konjunktionen:
Unterordnende Konjunktionen: obwohl, da, als, während, nachdem

die verwendeten Präpositionen:
Präpositionen: trotz, auf, bei

die verwendete beiordnende Konjunktion:
Beiordnende Konjunktion: und (daher)

Seite 78

Unterstreiche das Partizip und das dazugehörige Substantiv und übersetze:

(Catilina — impulsus) Catilina verschwor sich aus Herrschsucht gegen den Staat.
(imperium Romanum — auctum) Das Römische Reich, das durch die Tapferkeit der Soldaten vergrößert worden war, reichte bis zu den Parthern.
(Caesar — missus) Nachdem Cäsar nach Gallien entsandt worden war, besiegte er die Helvetier und Ariovist.
(equitatum — venientem) Als die Reiterei zu Hilfe kam, überfielen sie die Feinde.
(Troianos — dormientes) Die Griechen töteten die Trojaner im Schlaf.
(omnes — petentes) Er half allen, die um Hilfe baten.
(patri — interroganti) Auf die Frage des Vaters erzählten wir von der Reise.
(Troiam — deletam) Äneas und seine Gefährten verließen das zerstörte Troja und fuhren nach Italien.
(Lucius — intrans) Lucius begrüßte bei seinem Eintreten alle.
(militum — pugnantium) Durch die Ausdauer der Soldaten, die tapfer kämpften, wurde die Stadt gerettet.
(hominum — viventium) Das Leben der Menschen, die in früheren Zeiten lebten, war, wie mir scheint, schön.
(urbs — oppugnata) Die Stadt, die fast zehn Jahre von den Griechen belagert worden war, wurde durch einen Brand zerstört. (= Nachdem die Stadt fast zehn Jahre von den Griechen belagert worden war, . . .)
(hostes — vastantes) Wir werden die Feinde, die alles verwüsten, besiegen und töten. (= Wenn auch die Feinde alles zerstören, werden wir sie besiegen und töten.)
(urbem — constitutam — ornatam) Ich besichtigte die Stadt, die mit breiten Straßen errichtet und mit schönen Gebäuden ausgestattet (verschönert) worden war.

(virorum — defendentium) Erinnert euch an die Männer, die das Vaterland gegen die Feinde verteidigen!
(nobis — petentibus) Sie zeigten uns auf unsere Bitte hin die hochberühmte Burg. (= Da wir sie baten, zeigten sie uns die hochberühmte Burg.)
(homines — dati) Die Menschen, die den wilden Tieren als Beute vorgeworfen (zur Beute gegeben) worden waren, lobten Gott.
(gladiatores — vincentes) Die Menschen feierten die Gladiatoren, die im Amphitheater siegten.
(Iulia — commota) Julia, die von der Schönheit Athens beeindruckt war, richtete an ihre Eltern einen Brief.
(Pedanius et Iulia — petentes) Pedanius und Julia, die nach Delphi reisen (streben), sprechen über das berühmte Orakel. (= Pedanius und Julia sprechen auf ihrer Reise nach Delphi über das berühmte Orakel.)

Seite 82

1. Verwandle die fettgedruckten Gliedsätze in Ablativi absoluti und übersetze:

(Troianis acriter pugnantibus) Obwohl die Trojaner erbittert kämpften, wurden viele Frauen versklavt und viele Menschen getötet.
(Matre Plinii — nuntiante) Als die Mutter des Plinius meldete, daß sich eine Wolke von ungewöhnlicher Größe zeige, bestieg der Onkel des Plinius ein Schiff und eilte dorthin, von wo die anderen flüchteten.
(Helvetiis victis) Nachdem die Helvetier besiegt worden waren, kamen die Gesandten ganz Galliens zu Cäsar, um ihn zu beglückwünschen.
(Avunculo Plinii cursum Stabias tenente) Während der Onkel des Plinius Kurs auf Stabiä nahm, leuchteten aus dem Vesuv sehr breite Flammen(wände).
(nave parata) Sobald das Schiff bereitgestellt war, stachen Pedanius und Julia in See.
(nave appulsa) Nachdem das Schiff gelandet ist, werden Pedanius und seine Frau von Philotimus begrüßt.
(Lucio — migrante) Während Lucius mit den Eltern nach Sizilien reist, besuchen Pedanius und Julia ihre Freunde in Latium.
(Graecis — oppugnantibus) Als (Während) die Griechen Troja belagerten, kämpfte niemand tapferer als Hektor.

Seite 83

2. Übersetze:

Obwohl (Während) die Griechen viele Bewohner Trojas töteten, flüchtete Äneas (dennoch) mit dem Vater und dem Sohn aus der Stadt. — Die Römer wählten Konsuln, nachdem sie die Könige vertrieben hatten. — Nachdem Cäsar die Helvetier und Ariovist besiegt hatte (= Nachdem die Helvetier und Ariovist besiegt worden waren), führte er das Heer ins Winterlager. — Obwohl die Feinde die höher gelegenen Orte besetzt hatten (Obwohl die höher gelegenen Plätze besetzt worden waren), begannen sie dennoch nicht die Schlacht. — Nach dem Verlust des Vaters (Nachdem der Vater verloren worden war,) nahm Micipsa Jugurtha ohne Hoffnung und ohne Besitz in sein Reich auf. — Als Rom brannte, soll Nero den Untergang Trojas besungen haben. — Da Agamemnon die meisten Schiffe bereitgestellt hatte (Nachdem die meisten Schiffe bereitgestellt worden waren), wurde er zum Feldherrn der Griechen gewählt. — Da das Feuer die Gebäude der Stadt mit unglaublicher Geschwindigkeit erfaßte, wurden viele Menschen nicht gerettet. — Nachdem Amulius den Bruder von der Herrschaft vertrieben hatte, erwählte er Rea Silvia zur Vestalin. — Nachdem die Zwillinge ausgesetzt worden waren, drängte Tiberinus die Wasser zurück; nachdem die Wasser zurückgedrängt worden waren, rettete Faustulus die Kinder, die (als) er (sie) bei einem Baum sah. — Nachdem Rom zerstört war, opferten die Menschen den Göttern und Göttinnen. — Während das Feuer die Straßen mit unglaublicher

Geschwindigkeit durchläuft, heben die Menschen die Hände zu den Göttern und versuchen die Ihren und ihren Besitz (das Ihre) zu retten. — Nach Überwindung der Feinde (Nachdem die Feinde besiegt worden waren = Nachdem der Feldherr die Feinde besiegt hatte,) feierte der Feldherr einen Triumph.

Seite 85

Übersetze und verwandle ins Passiv:

Ü.: Amulius erwählte Rea Silvia zur Vestalin.
P.: Rea Silvia ab Amulio Vestalis delecta est.
Ü.: Die Römer hielten Cäsar für den größten Feldherrn.
P.: Caesar a Romanis summus imperator habitus est.
Ü.: Die Kinder halten die Bewohner Norikums für Barbaren.
P.: Incolae Norici a liberis barbari putantur.
Ü.: Das römische Volk hielt die Lager an der Donau für die festesten Bollwerke gegen Markomannen und Quaden.
P.: Castra ad Danuvium sita a populo Romano firmissima praesidia contra Marcomannos et Quados existimata sunt.
Ü.: Die Römer hielten Äneas für den Stammvater ihres Geschlechts.
P.: Aeneas a Romanis auctor gentis putatus est.
Ü.: Die Römer hielten die anderen Völker für Barbaren.
P.: Alii populi a Romanis barbari putati sunt.
Ü.: Die Römer nannten Griechenland, nachdem es unterworfen worden war (= das sie unterworfen hatten), Achaia.
P.: Graecia subacta a Romanis Achaia appellata est.
Ü.: In alter Zeit wählte das römische Volk die besten Männer zu Feldherren.
P.: Antiquis temporibus optimi viri a Romanis imperatores creati sunt.
Ü.: Wir halten Cicero für den besten Redner seiner Zeit.
P.: Cicero optimus orator aetatis suae a nobis putatur.
Ü.: Seneca hielt auch die Sklaven für Menschen und Freunde.
P.: Servi quoque homines amicique a Seneca habiti sunt.
Ü.: Die Bewohner Siziliens wählten Cicero zu ihrem Anwalt.
P.: Cicero ab incolis Siciliae advocatus delectus est.
Ü.: Die Kelten wählten Carnuntum zu ihrem (als ihren) Wohnsitz.
P.: Carnuntum a Celtis domicilium delectum est.

Seite 87

Bestimme den Fall von magistratus *und übersetze:*

(Nom. Pl.) Die römischen Beamten wurden vom Volk gewählt. — (Nom. Sg.) Der Beamte half vielen Armen. — (Gen. Sg.) Wer kennt die Umsicht des Beamten nicht? — (Akk. Pl.) Wir schätzen jene tüchtigen Beamten sehr. — (Vok. Pl.) Beamte, helft uns! — (Akk. Pl.) Wir loben die Beamten.

Bestimme den Fall von poetae *und übersetze:*

(Gen. Sg.) Die Kinder des Dichters erzählen über die Bücher des Vaters. — (Nom. Pl.) Die römischen Dichter sind uns nicht unbekannt. — (Vok. Pl.) Dichter, feiert den Ruhm Roms! — (Dat. Sg.) Der Dichter hat ein Landhaus. — (Gen. Sg.) Ich habe die Bücher jenes Dichters gelesen.

Seite 90

Welche Funktion? Übersetze:

(Interrogativpronomen, Akk. Sg. f.) Welche Stadt gründete Romulus? — (als; nach Komparativ) Wer kämpfte erbitterter als Hektor? — (möglichst; quam + Superlativ) Kommt möglichst rasch nach Rom! — (wie; quam + Adv.) Wie lange wart ihr in Rom? — (Relativpronomen; Akk. Sg. f.) Das Mädchen, das du im Garten siehst, ist meine Freundin. — (Relativpronomen; Akk. Sg. f., relativer Anschluß) Julia ist die Tochter des Servianus; wir werden sie im Sommer besuchen. — (so — wie) Wir sind nicht so glücklich, wie dieser ist.

Seite 96

Analysiere folgenden Text und übersetze:

Troiani equum ligneum in litore videntes portas ***aperuerunt*** et urbem ***reliquerunt.*** [Graecos
Subj. Akk.

equum Minervae devovisse et domos navigavisse] ***putaverunt.*** Equum intra moenia trahere ***constituerunt.***
Inf. Inf.

Laocoon, sacerdos Neptuni, accurrens ***clamavit:*** „Graeci in patriam non ***navigaverunt; credite***
Subj. Subj.

mihi! Nonne Ulixem ***novistis?*** Haec ***est*** machina, quam Graeci contra moenia nostra *aedificaverunt*,
Subj.

in quam fortissimi milites se *abdiderunt.*“ Tamen Troiani equum in urbem ***traxerunt;*** e ventre equi
Subj.

Graeci media nocte ***descenderunt*** sociisque, qui Tenedum *navigaverant*, portas ***aperuerunt.*** Graeci
Subj.

postquam socii Tenedo *venerunt,* Troianos dormientes ***oppresserunt*** vel ***necaverunt*** et

domos ***incenderunt.*** Sic Troia ***deleta est.***
Subj.

Als die Trojaner das hölzerne Pferd an der Küste sahen, öffneten sie die Tore und verließen die Stadt. Sie glaubten, die Griechen hätten das Pferd der Minerva geweiht und seien nach Hause gefahren. Sie beschlossen, das Pferd in die Stadt (innerhalb der Stadtmauern) zu ziehen. Laocoon, ein Priester des Neptun, lief herbei und rief: „Die Griechen sind nicht in die Heimat gefahren; glaubt mir! Kennt ihr nicht Odysseus? Das ist eine Belagerungsmaschine, die die Griechen gegen unsere Mauern gebaut haben, in der sich die tapfersten Soldaten versteckt haben.“ Dennoch zogen die Trojaner das Pferd in die Stadt. Mitten in der Nacht stiegen die Griechen aus dem Bauch des Pferdes und öffneten für die Gefährten, die nach Tenedos gesegelt waren, die Tore. Nachdem die Gefährten von Tenedos gekommen waren, überfielen sie die Trojaner im Schlaf oder töteten sie und zündeten die Häuser an. So wurde Troja zerstört.

2. Teil: Übersetzungsübungen und Tests

Imperium Romanum A und Imperium Romanum B

Übersetzungsübungen

Seite 99

IMP ROM. IV

Italien

Italien ist ein schönes und fruchtbares Land. Italien ist die Heimat sehr tüchtiger (guter)[1] Männer und vieler Dichter. Die sehr tüchtigen Männer haben Italien mit Hilfe der Götter beschützt; die Dichter haben den Ruhm Italiens bis in die weitest entfernten Länder gebracht.
Die Römer regierten die Völker viele Jahrhunderte mit Klugheit und lehrten sie die Grundbegriffe von Lesen und Schreiben. Der Fleiß der Bauern und Seeleute verschaffte den Bewohnern Italiens Reichtum. Rom ist nicht nur durch die Taten der Männer bekannt, sondern auch durch viele Gebäude und schöne Tempel. — Wie schön ist es, mit unseren Freunden alle Gebäude Roms zu besichtigen!

IMP ROM. V

Lieber Titus! (Quintus grüßt Titus.)
Wenn es Dir gut geht, ist es gut, uns geht es gut. Ich hatte schon lange die Absicht, Deinen Brief zu beantworten. Es freut mich, daß Du, Titus, gesund bist und daß Dir Rom sehr gefällt. Ich bin mit Julia bei Flavius in der Nähe von Cilli. Das Landhaus des Flavius liegt an einem Fluß. Wem von uns ist das Leben auf dem Land unbekannt? Wir sehen die freien Bauern auf ihren Feldern mit großem Eifer arbeiten, wenn wir spazierengehen oder auf dem Fluß segeln. Nach dem Abendessen sitzt Flavius mit uns im Garten und erzählt uns über andere Länder. Ich vermisse Dich sehr! Leb wohl! Dein Quintus

Seite 100

IMP ROM. VI

Lieber Lucius! (Titus grüßt Lucius.)
Wenn Du gesund bist, ist es gut, ich bin es. Ich reiste mit meinem Großvater im Wagen von Cremona nach Rimini und von Rimini nach Rom. In Rom sind wir bei Freunden unserer Familie. Die Freunde haben uns schon berühmte Tempel und die öffentlichen Gebäude gezeigt. Der Tempel auf dem Kapitol gefällt mir sehr; das Leben in Rom macht uns Freude. Ich dachte an Dich, während wir auf dem Forum Romanum spazierengingen. Ich war überwältigt von der Pracht der Kurie, der Markthallen, der Tempel und anderer Gebäude. Und Du, Lucius, was hast Du gemacht? Ich erwarte Deinen Brief. Leb wohl! Dein Titus

Lieber Titus! (Lucius grüßt Titus.)
Es freut mich, daß Du, Titus, gesund bist und daß Dir Rom sehr gefällt. Ich bin mit Markus auf unserem Landgut. Wem von uns ist das Leben auf dem Land unbekannt? Ich schätze den Fleiß der Bauern sehr. Von Kindheit an streben sie nach Abhärtung; um 6 Uhr (zur 1. Stunde) wachen sie auf; sie arbeiten mit großem Eifer bis zum Abendessen auf ihren Feldern, während wir spazierengehen oder mit dem Schiff auf dem Fluß fahren. — Nach dem Nachtmahl sitzt Markus mit mir im Garten und erzählt mir über andere Länder; er ist nämlich schon in Athen, Rom, Lyon und Marseille gewesen. Ich vermisse Dich sehr! Leb wohl! Dein Lucius

1 In Klammern werden wörtliche Übersetzungen angegeben.

IMP. ROM. VIII

Das Römische Reich

Das Reich des römischen Volkes war groß. Es erstreckte sich von Britannien bis zum Königreich der Parther. Die Parther waren den Römern feindlich gesinnt und gefährlich; die Römer kämpften in vielen Schlachten gegen die Parther. So wurden die Parther lange Zeit von Italien und den römischen Provinzen ferngehalten. Die sehr großen Flüsse Donau und Rhein begrenzten das Römische Reich. Das Land jenseits von Donau und Rhein wurde Germanien genannt. Auch die Germanen waren dem römischen Volk feindlich gesinnt. Deshalb errichteten die Römer viele Lager an der Donau. Die Provinzen an der Donau wurden Pannonien und Norikum genannt. Die Pannonier und die Noriker wohnten in Dörfern und Hütten. Römische Statthalter verwalteten die Provinzen.

Seite 101

IMP. ROM. IX

Androclus und der Löwe

Im Circus Maximus wurden dem Volk Tierhetzen geboten (. . . wurden für das Volk Tierhetzen veranstaltet). Man sah viele wilde Tiere von unglaublicher Größe und Gestalt. Die Größe eines Löwen (er)schien allen bewundernswert; er hatte die Aufmerksamkeit aller Menschen auf sich gelenkt. Ein Sklave, der Androclus hieß, wurde in die Arena geführt. Als der Löwe Androclus sah, geht er auf den Mann zu, aber er tötet Androclus nicht. Androclus, der aus großer Gefahr befreit ist, schaut den Löwen an, allmählich erkennt er ihn wieder und begrüßt ihn mit innigster (größter) Freude. Die Menschen schrien laut; der Kaiser rief Androclus zu sich und fragte ihn: „Warum tötete der Löwe dich als einzigen nicht?" Auf diese Frage (gefragt) erzählte Androclus eine wundersame Geschichte: „Mein Herr, der Prokonsul von Afrika war, bestrafte mich täglich mit Schlägen; deshalb floh ich und versteckte mich in einer Höhle. Kurz danach betrat der Löwe die Höhle, in der ich mich versteckt hatte. Nachdem der Löwe hereingekommen war und mich gesehen hatte, zeigte er mir seine verletzte Pfote. Ich entfernte den großen Splitter und wischte das Blut ab. Hierauf ruhte der Löwe. Ich und der Löwe waren einige Jahre in der Höhle. Er brachte mir die besten Stücke der Tiere, die er tötete. Ich briet die Stücke in der Sonne und aß sie. Nachdem ich die Höhle verlassen hatte, wurde ich von Soldaten gesehen und gefangen und von Afrika zu meinem Herrn nach Rom gebracht, der mich den wilden Tieren als Beute vorwarf (zur Beute gab). Der Löwe wurde auch gefangen, wie es scheint, und dankte mir nun." Androclus, dem der Löwe geschenkt wurde, entging der Strafe.

Seite 102

IMP. ROM. X

Rom

Die Stadt Rom war berühmter als die übrigen Städte Italiens. Das römische Volk war viele Jahrhunderte hindurch das tapferste unter allen Völkern: keine andere Stadt hatte tapferere und klügere Bewohner als Rom, kein Volk führte grausamere Kriege als die Römer. In früheren Zeiten waren wohl einige Stämme Italiens einflußreicher als die Römer; aber das römische Volk besiegte die übrigen Stämme in sehr grausamen Kriegen. In Rom gab es sehr niedrige Häuser und sehr enge Straßen, die öffentlichen Gebäude aber waren größer und schöner als die privaten. Auf dem Kapitol sah man den berühmtesten aller Tempel, der dem Jupiter Optimus Maximus geweiht war. Die Stadt war lange Zeit viel kleiner als Athen und Alexandria, aber zur Zeit des Augustus hielt man Rom für die weitaus berühmteste Stadt. Denn Augustus stattete (schmückte) die Hauptstadt des Erdkreises mit sehr breiten Straßen, wunderschönen Gartenanlagen und sehr großen Häusern und prächtigen Tempeln aus.

Der Triumph des Titus

Mein sehr lieber Sohn! (Servianus grüßt seinen sehr lieben Sohn.)
Dein Brief, den ich sogleich beantworte, machte mir große Freude. Du, mein Sohn, willst über den Triumph, den Titus mit Vespasian über die Juden feierte, informiert (belehrt) werden. Ich habe den wunderschönen Triumphzug gesehen: die römischen Beamten, die sehr unglücklichen Gefangenen und die vergoldeten Hörner der Rinder. Die Beamten und der Senat begrüßten Titus und das Heer. Das Volk opferte den Göttern und Göttinnen und betete zu den Götterstatuen. Herbeigebracht wurden die Beute, die Bilder der Flüsse und Städte und die Waffen. Vor dem Wagen des Titus wurden die Gefangenen in Ketten geführt, deren Schicksal sehr kläglich (unglücklich) war. Hinter dem Wagen sah man die Unterfeldherren und die Militärtribunen, die das Heer befehligten, und die (Legions-)Soldaten. Leb wohl! Servianus

IMP. ROM. XII

Seite 103

Hannibal

Hannibal zu den Soldaten: „Die wilden Stämme der Pyrenäen sind von uns besiegt worden. Vor uns liegen die Alpen (in unserem Blick sind die Alpen). Wir werden diese Berge überqueren und Italien, das Land der Feinde, besetzen. Ich werde euch in den Schlachten anführen (Ich werde euch befehligen), und ich werde mit euch gemeinsam die Feinde besiegen. Die Bewohner jenes Landes werden von uns besiegt werden, sie werden unsere Freunde sein und werden uns unterstützen. Auch Rom werdet ihr ohne jede Gefahr besetzen. Glaubt mir: ihr werdet die Herren der Römer sein."

Romulus und Remus

Romulus und Remus sollen von Amulius ausgesetzt, aber mit der Hilfe und durch den Ratschluß der Götter gerettet worden sein. Die Wölfin soll die Kinder gesäugt haben. Hierauf soll Faustulus ein könglicher Hirte, die Zwillinge am Tiber gesehen und zu seiner Gattin getragen haben. Offenkundig sind sie von dem Hirten und seiner Frau mit größter Liebe erzogen worden. Als die Zwillinge dem Kindesalter entwachsen waren, gründeten sie eine Stadt. Romulus tötete den Bruder, der über die Stadtmauer gesprungen sein soll, und herrschte viele Jahre lang in Rom. Schließlich soll er in den Himmel aufgestiegen sein.

Seite 104

Übersetze und beantworte in lateinischer Sprache:

Ü.: Kämpfen die Soldaten nicht tapfer? *A.:* Ja.
Ü.: Die Wölfin säugte die Kinder, nicht wahr? *A.:* Ubera praebuit. — Ja.
Ü.: Wurde der Tempel etwa zerstört? *A.:* Deletum non est. — Nein.
Ü.: Sind die Kinder in Athen oder in Rom? *A.:* Romae sunt. — Sie sind in Rom.
Ü.: Die Kinder spielen im Garten, nicht wahr? *A.:* Ludunt. — Ja.
Ü.: Werden die Schiffe des Äneas in den Stürmen und Wellen hin- und hergetrieben? *A.:* (Non) iactantur. — Ja (Nein).
Ü.: Besang nicht Nero den Untergang Trojas? *A.:* Cecinit. — Ja.
Ü.: Ist das Tor etwa offen? *A.:* Porta aperta non est. — Nein.

IMP. ROM. XIII

Seite 106

Äneas

Die Trojaner hatten kaum Sizilien verlassen, als ihre Schiffe durch Stürme nach Libyen verschlagen wurden. Dido war die Königin Karthagos. Äneas und seine Gefährten baten sie um Hilfe.

Äneas: „Wir armen Trojaner, die wir in Stürmen über alle Meere gefahren sind, bitten dich. Wehre das Feuer von unseren Schiffen ab, hilf dem frommen Geschlecht, betrachte unsere Lage!“

Dido: „Ich grüße euch freundlich. Ich kenne die Trojaner und ihre tapferen Taten gut. Sohn einer Göttin, erzähl (sag) mir von der List (die List) der Griechen und den (die) Leiden der Deinen und deinen (deine) Irrfahrten!“

Äneas: „Königin, du befiehlst, den unaussprechlichen Schmerz zu erneuern; dennoch will ich beginnen.“

Hierauf erzählte Äneas viel über seine Irrfahrten, über die Leiden seiner Gefährten, über die Gattin und ihr Schicksal und über Askanius, seinen Sohn.

IMP. ROM. XV

Lieber Aristodemus! (Lucius grüßt Aristodemus.)
Das Schiff brachte uns glücklich von Athen nach Brindisi. Auf der Via Appia gelangten wir wenige Tage danach nach Rom. Ich erfuhr, daß all die Meinen gesund sind. Die Mutter empfing mich mit sehr großer Freude, und mein Vater fragte mich lachend: „Kommst du als römischer Jüngling nach Hause oder als ein kleiner Grieche?“ Ich habe dir erzählt, daß mein Vater ein Mann von alter römischer Strenge ist und die griechische Lebensweise und Bildung geringschätzt; dennoch weiß er, daß die Römer heute nicht mehr so leben können, wie sie zur Zeit des Romulus gelebt haben. Die Freunde empfingen mich freundlich. Vor wenigen Tagen heiratete meine Schwester L. Cornelius, einen jungen Mann aus einem vornehmen und berühmten Geschlecht. Die Hochzeit meiner Schwester wurde nach altem Brauch gefeiert, weil mein Vater glaubt, daß man alle alten Bräuche beachten muß, wenn die Menschen gut und glücklich leben wollen. Vor dem Hochzeitstag weihte sie nach alter Sitte den Laren ihr Mädchenkleid mit den Bällen und Puppen. Am Hochzeitstag erwartete sie ihren Verlobten und seine Familie. Nachdem dann die Freunde ein Schaf geopfert hatten, verkündeten sie, daß die Vorzeichen gut seien. Nach dem Ineinanderlegen der Hände brachten die Schwester und ihr Verlobter, indem sie zu den Göttern beteten, am Altar ein Weihrauchopfer dar. Hierauf aß man mehrere Stunden. Es wäre zu lang, die Speisen aufzuzählen, an denen wir uns delektierten. Nach dem Hochzeitsmahl wurde meine Schwester in das Haus ihres Gatten geleitet. Der Gatte streute für die Knaben, die darum baten, Nüsse, weil man das für ein gutes Vorzeichen hält. Sobald sie zu dem mit Blumen geschmückten Haus des Gatten gekommen waren, hoben zwei Begleiter meine Schwester über die Schwelle, und die Freunde gingen nach Hause.

Tests

Seite 108

TEST 1

1. Bestimme die Fälle der fettgedruckten Wörter und deren Funktion und übersetze:

Gen. Pl. — Gen. subiectivus oder *obiectivus:* Der Haß der Römer war sehr groß. Der Haß gegen die Römer war sehr groß.
Akk. Pl. — Akk. der Zeit- und der Raumerstreckung: Die Bauern arbeiten viele Stunden auf den Feldern.
Gen. Pl. — Gen. obiectivus: Die Sorge um die Kinder läßt Servianus nicht los.
Abl. Pl. — Abl. separationis: Servianus befreite die Kinder von den Sorgen.
Abl. Sg. — Abl. temporis: Wir wachen um die dritte Stunde (9^h) auf.

Abl. Sg. — *Abl. instrumenti:* Die Römer übertrafen die Germanen an Kriegserfahrung.
Dat. Pl. — *Dat. possessoris:* Die Pannonier haben Hütten.
Dat. Sg. — *Dat. finalis:* Servianus freut sich, daß die Kinder gesund sind.
Gen. Pl. — *Gen. partitivus; Gen. Sg.* — *Gen. partitivus:* Niemand von den Germanen besitzt ein bestimmtes Maß an Ackerland.
Dat. Pl. — *Dat. possessoris:* Viele Römer haben Landhäuser.
Gen. Sg. — *Gen. obiectivus:* Die Römer vertrauten die Sorge um die Familie den Frauen an.

Seite 109

2. Ergänze und übersetze:

(Romanos) Die Götter helfen den römischen Bauern.
(clarum) Wer kennt den berühmten Dichter nicht?
(Romanus) Der römische Dichter preist Italien in seinen Büchern.
(boni) Die tüchtigen Seeleute verschaffen Rom Reichtum.
(sitas) Sie verwalten die Provinzen an der Donau (gelegen).

Seite 110

3. Übersetze:

Arbeitet mit Fleiß und Ausdauer! — Besuche die Freunde! — Lade Servianus ein! — Befreit die Bewohner anderer Länder aus der Not!

4. Übersetze:

Nur G!

Incolae imperii Romani barbaros arcere studebant.
Traianus provincias imperii visitare solebat.
Servianus in Pannoniam migrare solet.
Viri feminas e flammis servare studebant.

Seite 111

1. Übersetze folgende Zeitwortformen, und bilde dazu die entsprechenden Formen des Imperfekts, des Perfekts und des Plusquamperfekts:

wir sind gesund — valebamus — valuimus — valueramus
du besuchst — visitabas — visitavisti — visitaveras
ich trage — portabam — portavi — portaveram
er liest — legebat — legit — legerat
sie fügen hinzu — addebant — addiderunt — addiderant
sie werden verwirrt — perturbabantur — perturbati(3) sunt — perturbati(3) erant
ihr setzt aus — exponebatis — exposuistis — exposueratis
du wirst gesehen — videbaris — visus(a) es — visus(a) eras
ihr werdet erzogen — educabamini — educati(ae) estis — educati(ae) eratis
ich werde gefragt — interrogabar — interrogatus(a) sum — interrogatus(a) eram
er wird getötet — caedebatur — caesus est — caesus erat
wir werden geliebt — diligebamur — dilecti(ae) sumus — dilecti(ae) eramus

2. Übersetze:

Ihr habt mich gefragt. — Wir denken an dich. — Wer von uns denkt nicht an dich? — Wir sind mit euch nach Italien gereist. — Er erzählt uns. — Er dachte an uns und euch. — Sie hatten uns eingeladen. — Besucht mich! — Eure Freunde haben uns die Geschichte erzählt. — Ich bin mit meinem Freund spazierengegangen.

Seite 112

3. Bilde zu folgenden Formen den Abl. Sg. und den Gen. Pl.:

Abl. Sg.	*Gen. Pl.*
rege divite	regum divitum
omni infante	omnium infantium
pastore regio	pastorum regiorum
ludo circensi	ludorum circensium
urbe vetere	urbium veterum
tali homine	talium hominum
crimine incredibili	criminum incredibilium
templo celebri et vetere	templorum celebrium et veterum

4. Ergänze die fehlenden Relativpronomina und übersetze:

(quos) — Die Kinder, die wir im Garten sehen, lesen.
(cui) — Lucius, dem ich eine Geschichte erzählt habe, dankt mir.
(quorum) — Die Freunde, deren Villa am Meer liegt, haben uns eingeladen.
(quibus) — Die Lehrer, von denen wir erzogen wurden, sind gut.
(quae) — Larentia, die die Kinder erzog, war die Gattin des Faustulus.

Seite 113

5. Übersetze:

Nur G! Incolae, quorum oppidum incendio vastatum est, ab omnibus adiuvantur.
Flammae, quibus Roma deleta est, vento excitatae sunt.
Amici, quos visitavimus, nobis de incendio Romae narraverunt.

1. Bilde zu folgenden Verba das passive Partizip Perfekt:

Nur RG!

comprehensus 3	exstructus 3
amissus 3	auctus 3
iussus 3	placatus 3
visus 3	actus 3

2. Übersetze:

Nachdem Amulius den Bruder aus der Herrschaft vertrieben hatte, erwählte er Rea Silvia zur Vestalin. (Nachdem der Bruder von der Herrschaft vertrieben worden war, erwählte . . .) — Nach Gründung der neuen Stadt (Nachdem die neue Stadt gegründet worden war,) befragten Romulus und Remus die Götter, wie die Stadt heißen sollte (welcher Name der Stadt sein sollte). Nachdem Romulus den Bruder getötet hatte, gab er der Stadt den Namen. — Die Kinder, die nach der Sitte der Ahnen erzogen waren, nahmen an den Spielen, die in Rom veranstaltet wurden, nicht teil. — Wir sahen die Stadt, die durch den (einen) Brand verwüstet war. — Wer denkt nicht an den Triumph, der von Titus gefeiert wurde? — Die Menschen entbehrten auch die Nahrung, nachdem sie ihr Hab und Gut verloren hatten (nachdem das Hab und Gut verloren worden war).

Seite 114

3. Verwandle die fettgedruckten Gliedsätze in Partizipialkonstruktionen und übersetze:

P.: Homines capitis damnati *Ü.:* Die Menschen, die zum Tod verurteilt worden waren, wurden ans Kreuz geschlagen. — *P.:* Iudaeis victis *Ü.:* Nachdem die Juden besiegt worden waren, feierte Titus einen sehr schönen Triumph. (Nachdem Titus die Juden besiegt hatte, feierte er einen sehr schönen Triumph. Nach Besiegung der Juden . . .) — *P.:* Frumentum . . . apportatum *Ü.:* Das Getreide, das zu Land und Wasser herbeigeschafft worden war, wurde den armen Menschen gegeben. — *P.:* virorum capitis damnatorum *Ü.:* Ich denke an die Männer, die zum Tod verurteilt wurden (worden sind). — *P.:* Roma incendio vastata *Ü.:* Nachdem Rom durch einen Brand verwüstet worden war, wurden sehr schöne Gebäude auf Befehl Neros errichtet.

Nur RG!

Seite 115

1. Übersetze:

Obwohl Hektor tapfer kämpfte, wurde Troja dennoch zerstört. — Die Griechen, die Troja belagerten, versteckten sich im Pferd. — Die Kinder antworteten dem Vater auf seine Frage gern. (Als der Vater fragte, antworteten ihm die Kinder gern.) — Während Philotimus die Geschichte über den Wettstreit zwischen Neptun und Minerva erzählt, hören die Kinder mit großer Begeisterung zu. — Während Julia einen Brief an die Eltern richtet, diskutiert Pedanius mit den Freunden über ein richtig geführtes Leben (über ein Leben, das gut geführt wurde). — Wer tötete Laokoon, als er den Söhnen zu Hilfe kam? — Die Römer feierten Äneas, der mit Hilfe der Venus gerettet worden war, als Stammherrn ihres Geschlechts. — Während Nero den Untergang Trojas besang, wurde Rom von den Flammen zerstört. — Als der siegreiche Titus nach Rom eilte, dankten die Menschen den Göttern und Göttinnen.

Seite 116

2. Verwandle die fettgedruckten Gliedsätze in Partizipialkonstruktionen und übersetze:

P.: Liberis ambulantibus *Ü.:* Während die Kinder spazierengehen, arbeitet die Mutter zu Hause. — *P.:* Militibus fortiter pugnantibus *Ü.:* Während die Soldaten tapfer kämpfen, beten die Frauen zu den Göttern. (Während des tapferen Kampfes der Soldaten beten die Frauen zu den Göttern.) — *P.:* Patri . . . laboranti *Ü.:* Die Kinder bereiten für den Vater, der auf den Feldern arbeitet, das Essen vor. — *P.:* Aenea cum patre filioque Troiam relinquente *Ü.:* Während Äneas mit dem Vater und dem Sohn Troja verließ, wurden viele Trojaner von den Griechen getötet. — *P.:* Laocoonta tela apportantem *Ü.:* Die Schlangen töteten Laokoon, der die Waffen herbeibrachte (als er Waffen herbeischaffte).

Seite 117

1. Stimme die Demonstrativpronomina is *bzw.* hic *mit folgenden Substantiva bzw. Adjektiva überein:*

ei (huic) exercitui Romano — eius, ei (huius, huic) rei publicae — eam (hanc) turrim altam — ea, eius, eae, eas (haec, huius, hae, has) porticus — eae, eas (hae, has) vires — is, eius, ii, eos (hic, huius, hi, hos) magistratus — id, ei, id, eo (hoc, huic, hoc, hoc) cornu

2. Bilde zu folgenden Adjektiva den Komparativ und den Superlativ:

Komparativ	*Superlativ*
fortior, ius	fortissimus 3
pulchrior, ius	pulcherrimus 3
veterior, ius	veterrimus 3
altior, ius	altissimus 3
maior, maius	maximus 3
magis strenuus 3	maxime strenuus 3
facilior, ius	facillimus 3
plures, a	plurimi 3

Seite 118

3. Bilde zu folgenden Zeitwortformen das Futur und übersetze:

potero — ich werde können
adspicies — du wirst erblicken
capieris — du wirst gefangen werden
audient — sie werden hören
docebunt — sie werden belehren
superabitur — er (sie, es) wird besiegt werden
veniemus — wir werden kommen
laudabuntur — sie werden gelobt werden
desilietis — ihr werdet herabspringen
fugiemus — wir werden flüchten

4. Übersetze folgende Zeitwortformen:

sie werden herabspringen — schlafend — sie hatten gekonnt — sie waren gefangen worden — schau an! — sie wünschten — anbetende — er wird eilen — wir werden besteigen — zurückgedrängt (zu) werden — wir werden können — wir fangen — du wirst erfüllt werden — ich konnte

Nur RG! sie gehen — sie sind schlafen gegangen — wir gehen — sie werden gehen — gehend

Seite 119

5. Bilde den Infinitiv Perfekt aktiv und passiv zu:

akt. Inf. Perf.	*pass. Inf. Perf.*
aperuisse	apertum esse
affecisse	affectum esse
sustulisse	sublatum esse
cecidisse	caesum esse
constituisse	constitutum esse
audivisse	auditum esse

Seite 120

6. Ergänze das fehlende Possessivpronomen und übersetze:

(eorum) Die Römer und ihre Verbündeten besiegten viele Völker.
(eius) Julia erwartete Pedanius und seine Familie.
(suis) Lucius besichtigte mit seinen Freunden Athen.
(eius) Lucius wurde von den besten Lehrern ausgebildet, denn sein Vater war sehr reich.
(earum) Die Mädchen und ihre Eltern singen schön.

7. Bilde zu den in Klammern stehenden Adjektiva die Adverbia und übersetze:

(fortiter) Sie kämpfen tapfer.
(pulcherrime) Er hat sehr schön gesungen.
(prudenter, bene, iuste) Er handelt klug, gut und gerecht.
(acrius) Wer verteidigte Troja erbitterter als Hektor?
(celeriter) Die Kinder sind schnell gelaufen.
(crudelius) Niemand handelte grausamer als Ariovist.

8. Übersetze:

Die Germanen hatten eine unglaubliche Körpergröße. — Helena war eine Frau von hervorragender Schönheit. — Catilina besaß ein schlechtes Wesen (Naturell). — Lucius ist ein fünfzehnjähriger Bub. — Fähige Männer mit besonderer Anständigkeit regieren den Staat (Männer von großer Begabung und besonderer Anständigkeit . . .).

Seite 121

1. Bilde Infinitiv Präsens und Perfekt aktiv:

Präsens	*Perfekt*
adspicere	adspexisse
fugere	fugisse
afficere	affecisse
evadere	evasisse
considere	consedisse

2. Bilde Infinitiv Präsens und Perfekt passiv:

Präsens	*Perfekt*
affici	affectus(3) esse
deleri	deletus(3) esse
delectari	delectatus(3) esse
corripi	correptus(3) esse
dici	dictus(3) esse
audiri	auditus(3) esse

Seite 122

3. Mache folgende Aussagesätze von Audivi *abhängig und übersetze:*

Audivi tria oppida aetate Titi deleta esse. Ich hörte, daß drei Städte zur Zeit des Titus zerstört wurden.
Audivi Pedanium pulchritudine locorum delectari. Ich hörte, daß Pedanius sich an der Schönheit der Gegend (der Plätze) erfreut (erfreue).
Audivi avunculum Plinii Stabias navigavisse. Ich hörte, daß der Onkel des Plinius nach Stabiä gefahren ist.
Audivi Iuliam parentibus litteras dedisse. Ich hörte, daß Julia einen Brief an ihre Eltern gerichtet habe (richtete).
Audivi liberos Romanos more maiorum educatos esse. Ich hörte, daß die römischen Kinder nach der Sitte der Ahnen erzogen wurden.
Audivi Troiam a Graecis deletam esse. Ich hörte, daß Troja von den Griechen zerstört wurde (zerstört worden sei).
Audivi Lucium domi esse. Ich hörte, daß Lucius zu Hause sei.
Audivi Servianum morte Plinii dolore affici. Ich hörte, daß Servianus über den Tod des Plinius Schmerz empfindet (von Schmerz erfüllt wird).
Audivi multos homines cenantes, ludentes, dormientes eruptione Vesuvii occidisse. Ich hörte, daß viele Menschen beim Essen, beim Spiel oder im Schlaf beim Ausbruch des Vesuv starben.
Audivi Plinium una cum matre fugisse. Ich hörte, daß Plinius zusammen mit seiner Mutter geflüchtet ist.
Audivi Lucium a magistro saepe laudari. Ich hörte, daß Lucius vom Lehrer oft gelobt wird.
Audivi aedificia pulcherrima Romae a multis hominibus adspici. Ich hörte, daß die sehr schönen Gebäude Roms (in Rom) von vielen Menschen betrachtet werden.

Liber Latinus A und Liber Latinus B

Übersetzungsübungen

Seite 124

LL A VIII

LL B IV

1. Italien

Der Ruhm Italiens ist groß. Italien ist die Heimat tüchtiger Männer und berühmter Dichter. Die Götter beschützen Italien; sie halten von den römischen Provinzen und von Italien die Germanen ab. Berühmte Dichter verbreiten den Ruhm bis zu den Ufern der Donau und des Nil. Die römischen Bauern pflegen mit großem Eifer auf den Feldern und in den Weingärten zu arbeiten. Der Fleiß der Bauern und der Seeleute verschafft den Römern Reichtum. — Römische Lehrer lehren Barbaren Lesen und Schreiben.
Rom ist nicht nur durch die Taten berühmter Männer, sondern auch durch viele schöne Gebäude bekannt. Wie schön ist es, Rom zu besichtigen!

2. Gaius: Salve, Segomare! De patria tua mihi narra! Ubi habitabas?
Segomarus: Ad ripam Danuvii habitabam. Danuvius fluvius latus est. Vineis pulchris et silvis densis patriae meae gaudebam. Cum amicis in Danuvio navigare solebam aut in silvis lupos et ursos telo meo necabam. Vesperi in horto sedere solebam et libris poetarum Romanorum gaudebam. Patriam meam valde desidero.

LL A XII

LL B VII

1. Lieber Julius! (Augustus grüßt seinen Freund Julius.)

Wenn Du gesund bist, ist es gut, ich bin es. Ich hatte schon lange im Sinn, Deinen Brief zu beantworten, aber ich war von der Reise müde. Ich reiste mit meinem Onkel nach Italien. Wir haben schon viel gesehen. Ich beneide Euch, Dich und Cornelia, weil Ihr oft auf der Donau fährt und Ihr Euch an den Spielen mit Euren Freunden erfreut. Wie schön ist es, nach dem Nachtmahl in Eurem Garten zu sitzen oder am Donauufer spazierenzugehen! — Wir haben Flavius besucht. Wer von Euch kennt Flavius nicht? Er ist ein guter Freund. Er hat uns viele Tempel und schöne Bauwerke gezeigt. Ich denke immer an Dich. — Was habt Ihr, Du und Cornelia, gemacht? Du, Julius, hast sicher Titus, unseren Freund, an den Festtagen besucht! Ich vermisse Euch viel mehr, als Du glaubst. Leb wohl! Dein Augustus

Seite 125

2. Titus magis sui quam aliorum memor est; semper se laudat, semper de se et de factis suis narrat. Sibi maxime placet. Amicus bonus autem amicis suis magis timet quam sibi.

3. Gaius: „Morgen werde ich euch unsere Felder und unsere großen Weingärten zeigen. Wir werden viele Stunden spazierengehen und zu Mittag im Schatten hoher Obstbäume sitzen; ihr werdet euch an dem herrlichen Obst erfreuen. Hierauf werden wir auf der Donau fahren. Wie schön wird es sein, die Wälder, Dörfer und Felder zu sehen!"

Die Freunde: „Wenn du uns in Rom besuchst, werden wir dir alte Tempel, prächtige öffentliche Gebäude und die Denkmäler berühmter Männer zeigen. Die Gebäude werden dir gefallen. An den Festtagen wirst du im Zirkus prächtige Spiele sehen. Wie schön ist Rom an Festtagen!"

LL A XVIII

LL B X

1. Der Vater und seine Kinder sitzen in der Säulenhalle des schönen Hauses.

Die Kinder: „Erzähl uns von den römischen Spielen, denn immer freuen wir uns über deine Worte."

Der Vater: „In den Amphitheatern vieler Städte und im Zirkus wurden dem Volk prächtige Spiele geboten. Die Römer erfreuten sich an den Spielen; dennoch schreckt mein Sinn vor diesen blutigen Spielen zurück, weil Männer und eine große Zahl wilder Tiere an jenen Orten (schon) getötet worden sind."

2. Das römische Heer

Die römischen Heere erwarben sich in vielen erfolgreichen Kriegen Ruhm. In der Mitte der Schlachtreihe kämpfte das Fußvolk, an den Flügeln die Scharen der Verbündeten. Sie hielten die Germanen, die jenseits der Donau wohnten, und die Parther vom Römischen Reich ab. Oft retteten sie den Staat aus den größten Gefahren. Dennoch besiegten die Germanen und die Gallier manchmal die Römer und ihre Verbündeten und trieben sie durch ihren Angriff in die Flucht, aber der Senat und die Beamten ermutigten das Heer wieder.

Seite 126

LL A XXVII

LL B XVII

1. Der Brand Roms

Unter Kaiser Nero wurde ein Großteil der Stadt Rom von den Flammen zerstört. Zuerst wurde der Zirkus von den Flammen erfaßt. Die Flammen erfaßten den Zirkus mit großer Schnelligkeit. Hierauf boten weder die öffentlichen Gebäude noch die Tempel dem Brand Einhalt. Die reichen Menschen und das arme Volk verloren die Häuser und ihren Besitz. Sie hatten auch nichts zu essen (sie entbehrten auch die Nahrung). — Notunterkünfte, die auf Befehl Neros erbaut worden waren, boten den armen Menschen Schutz. Zu Land und zu Wasser wurden viele Dinge herbeigeschafft. Der Getreidepreis wurde gesenkt. Nero hatte zur Zeit des Brandes, wie man erzählt, die Privatbühne betreten und den Untergang Trojas besungen. Danach wurde die Stadt von Nero mit breiten Straßen und schönen Häusern wiederaufgebaut. Die Menschen opferten den Göttern und Göttinnen und dankten für die Errettung.

2. Die Schlacht im Teutoburger Wald

Arminius spornte ungefähr mit folgender Rede seine Mitbürger zum Kampf an: „Diese Sonne, dieser Himmel und unsere Heimat sind Zeugen der Ungerechtigkeiten, die die Römer unserem Volk zufügten. Sie wollen dieses Land erobern und die Bewohner dieses Landes mit neuen Ungerechtigkeiten unterdrücken. Diese Orte aber sind den Römern unbekannt; in diesen Wäldern ist für sie kein Weg frei (offen). Diese Berge, diese Engpässe, selbst die Schatten dieser Wälder, all das fürchten die Römer.

Ich bin euer Feldherr. Ihr seid meine Soldaten. Wir alle sind germanische Männer, die wir immer für die Heimat kämpfen. Deshalb rufe ich jeden einzelnen von euch zu den Waffen."

Die Germanen priesen Arminius und seine Worte. Wenig später besiegten Arminius und sein Heer in den Schluchten des Teutoburger Waldes die Römer.

Seite 127

3. *Übersetze:*

Faustulus, pastor regius (regis), Romulum et Remum ab Amulio expositos apud arborem vidit. Eos ad Larentiam uxorem portavit. Larentia et Faustulus liberos magno amore educantes docuerunt studio laborare et armis ab adversariis se defendere. Postquam e pueris excesserunt, Amulium exturbaverunt et urbem, quam Romam appellaverunt, condiderunt.

LL A XXXIII

LL B XXI

Entscheidungsfragen

Ü.: Retteten nicht die Gänse das Kapitol? *A.:* Ja.
Ü.: Sah man nicht brennende Tempel? *A.:* Videbantur. — Ja.
Ü.: Wurden die Tiere etwa aus dem brennenden Stall gerettet? *A.:* Servata non sunt. — Nein.
Ü.: Die Kinder spielen im Garten, nicht wahr? *A.:* Ludunt. — Ja.
Ü.: Ist das Tor etwa geöffnet? *A.:* Non aperta est. — Nein.
Ü.: Nero hatte den Untergang Trojas besungen, nicht wahr? *A.:* Cecinerat. — Ja.
Ü.: Ist der Tempel etwa zerstört worden? *A.:* Deletum non est. — Nein.
Ü.: Äneas hat mit dem Vater und dem Sohn die brennende Stadt verlassen, nicht wahr? *A.:* Reliquit. — Ja.
Ü.: Werden die Schiffe des Äneas von den Stürmen und Wogen hin- und hergetrieben? *A.:* (Non) iactantur. — Ja. (Nein).

Tests: Liber Latinus A

Seite 131

1. Übersetze:

Femina agricolae cenam magna industria parat. — Puellae magistrae obtemperant. — Avus Claudiae vicos et silvas et agros patriae nostrae monstrat. — In silvam properate et avo fabulam narrate!

2. Bilde zu den in Klammern stehenden Wörtern den erforderlichen Fall und übersetze:

(cum amico) (in silvam) Paul(us) eilt mit dem Freund in den Wald.
(de pugnis) Der Großvater erzählt Paul(us) von den Kämpfen der Römer und Germanen.
(e silva) (in villam) Wir eilen aus dem Wald in das Haus.
(cum Paulo) (ad ripam) Ich eile mit Paul(us) zum Donauufer.

Seite 132

1. Übersetze:

Quis periculum incendii non timet? — Agricolae vaccas et equos e stabulis servant. — Alexander amicis agros pulchros agricolarum liberorum Norici monstrat. — In horto avi multae pomi altae sunt. — Vesperi e libris poetarum clarorum liberis agricolae recitare solemus.

2. Bilde zu folgenden Zeitwortformen Imperfekt und Futur:

Imperfekt	*Futur*
eratis	eritis
arabam	arabo
timebant	timebunt
arcebamus	arcebimus
delectabant	delectabunt
ambulabas	ambulabis

Seite 133

3. Übersetze:

Viele von uns waren in Italien. — Er denkt immer an mich. — Wer wird mit mir spazierengehen? — Die Stadt gefällt euch. — Wer von uns denkt nicht an euch? — Wir werden euch besuchen. — Wo wirst du am Abend sein? — Ich erzählte dir Geschichten. — Wir werden für unseren Staat beten. — An den Festtagen werde ich großartige Spiele sehen. — Wir denken im Glück und im Unglück an unsere Freunde.

1. Bilde zu folgenden Zeitwortformen Perfekt und Plusquamperfekt:

Perfekt	*Plusquamperfekt*
fuimus	fueramus
intravi	intraveram
coercuerunt	coercuerant
obtemperavistis	obtemperaveratis
monuisti	monueras
monstravit	monstraverat

Seite 134

2. Übersetze:

docuerant — arcuit — occupavi — monstraveras — fuimus — habitavistis — moniti estis — Puellae laudatae erant. — Ludi nobis placuerant. — Germani superati erant. — Liberi apud avum manserunt. — Nobis multa monstravistis.

3. Übersetze:

Summi magistratus rem publicam Romanam administraverunt. — Poetae Romani versibus suis Italiam celebraverunt. — Exercitui Romano praeest. — Nobis domos pulchras Romae monstravit. — In porticibus pulchris domus nostrae saepe sedemus.

4. Stimme die Demonstrativpronomina ille *und* hic *mit folgenden Substantiva überein:*

illi (huic) exercitui Romano
illius, illi (huius, huic) rei publicae
illa, illius, illae, illas (haec, huius, hae, has) porticus
id, ei, id, eo (hoc, huic, hoc, hoc) cornu

Seite 135

1. Bilde das passive Präsens, Imperfekt und Futur zu folgenden Zeitwortformen:

Päsens	*Imperfekt*	*Futur*
salutamur	salutabamur	salutabimur
moneor	monebar	monebor
docentur	docebantur	docebuntur
invitaris	invitabaris	invitaberis

2. Übersetze:

Eum eiusque amicum laudamus. — Cum ea ambulabo. — Numquam de factis suis tacuit. — Eius memor eram. — Eos vidimus. — Ei semper gratiam habebit.

Seite 136

3. Bilde zu folgenden Zeitwortformen die entsprechenden Formen von ducere:

duci — duc! — ducunt — ducebam — duceris — ducis — ducite! — duco — duxerat — ductus est

4. Ergänze das fehlende Relativpronomen und übersetze:

(quos) Die Bauern, die wir auf den Feldern sehen, arbeiten mit größtem Eifer.
(quorum) Die Kinder, deren Freund krank ist, sind jetzt in Italien.
(quibus) Die Römer, denen viele Völker gehorchten, waren die Herren des Erdkreises.
(quo) Wir sind dem Freund, von dem uns geholfen wird, dankbar.

5. Bilde den Abl. Sg. und den Gen. Pl. zu:

Abl. Sg.	*Gen. Pl.*
more Romano	morum Romanorum
ordine primo	ordinum primorum
lege bona	legum bonarum
flumine magno	fluminum magnorum
itinere longo	itinerum longorum

Seite 137

1. Übersetze:

ascendes — bella gerentur — canam — mittemini — regemus — videbitur

2. Bilde den Abl. Sg. und den Gen. Pl. zu:

Abl. Sg.	*Gen. Pl.*
omni mari	omnium marium
vi magna	virium magnarum
exemplari vetere	exemplarium veterum
ave pulchra	avium pulchrarum
turri alta	turrium altarum
urbe ardente	urbium ardentium
hoc fine	horum finium
colle alto	collium altorum
agricola laborante	agricolarum laborantium
nave magna	navium magnarum

3. Übersetze:

Graeci Troianos dormientes necaverunt. — Troiani Graecos Troiam oppugnantes ab urbe novem annos arcuerunt. — Aeneas e manibus hostium urbem delentium evasit.

Seite 138

4. Übersetze:

audiemur — audivistis — audiebaris — dormiebant — venit — veniet — impediebantur — puniri

1. Bilde Komparativ und Superlativ zu:

Komparativ	*Superlativ*
celerior, ius	celerrimus 3
similior, ius	simillimus 3
veterior, ius	veterrimus 3
potentior, ius	potentissimus 3
altior, ius	altissimus 3
minor, minus	minimus 3
acrior, ius	acerrimus 3
antiquior, ius	antiquissimus 3

Seite 139

2. Übersetze:

Fortiter pugnaverunt. — Prudenter egit. — Pulcherrime cecinimus. — Bene ago. — Beatius vivunt quam nos (nobis). — Quis fortius pugnavit quam Hector (Hectore)? — Celeriter curris. — Eos facile vincent.

3. Bilde zu folgenden Zeitwortformen die entsprechenden Formen von interficere:

interficies — interficeris — interfice! — interfici — interficiebantur — interficiuntur — interficiens — interfecti erant

4. Übersetze:

Romulus und Remus sollen mit Hilfe der Götter gerettet worden sein. — Sie scheinen von Faustulus und seiner Gattin mit größter Liebe erzogen worden zu sein. — Die Griechen sollen mit Hilfe der Minerva Troja erobert haben. — Äneas soll mit dem Vater und dem Sohn das brennende Troja verlassen haben. — Wenn ihr den Turm besteigt (bestiegen haben werdet), werdet ihr das ganze Lager gut sehen.

Tests: Liber Latinus B

Seite 140

1. Bilde zu folgenden Zeitwortformen das Imperfekt:

eram — sedebant — laudabat — eratis — monebas

2. Bilde zu den in Klammern stehenden Wörtern den erforderlichen Fall und übersetze:

(in horto) Wir sitzen im Garten.
(cum Germanis) Die Römer kämpften oft gegen die Germanen.
(cum ancillis) Die Tochter des Bauern bereitet mit den Mägden das Abendessen vor.
(e villa) (in silvam) Sie eilen vom Haus in den Wald.
(rosis) Sie schmücken den Tisch mit Rosen.
(de populo Romano) Der Lehrer erzählt häufig vom römischen Volk.

Seite 141

3. Übersetze:

Agricolae Romani magna industria in agris laborabant. — Avus e libris poetarum Romanorum liberis recitat. — Feminae aegrae miserae sunt. — Cum liberi apud avum erant, in agris laborabant.

1. Bilde zu folgenden Zeitwortformen Futur, Perfekt und Plusquamperfekt:

Futur	*Perfekt*	*Plusquamperfekt*
visitabo	visitavi	visitaveram
erit	fuit	fuerat
monebunt	monuerunt	monuerant
habebimus	habuimus	habueramus

2. Übersetze:

Viele von uns waren in Italien. — Er denkt immer an mich. — Wer wird mit mir spazierengehen? — Euch gefallen die Weingärten. — Wer von uns denkt nicht an euch? — Wir werden euch besuchen. — Wo werdet ihr zu Mittag sein? — Ich erzählte dir Geschichten. — Wir werden für unseren Staat beten. — An den Festtagen hatte ich die Spiele gesehen. — Wir denken im Glück und im Unglück an unsere Freunde. — Ich werde mich freuen, wenn euch mein Landhaus gefällt (gefallen wird). — Ich werde dir immer dankbar sein. — Das römische Volk feierte viele Festtage.

Seite 142

3. Übersetze:

Summi magistratus rem publicam Romanam administraverunt. — Poetae Romani versibus suis Italiam celebraverunt. — Domos pulchras oppidi nobis monstravit. — In duobus cornibus equitatus pugnavit.

4. Stimme ille *und* hic *mit folgenden Substantiva überein:*

illam (hanc) domum
illa, illius, illae (haec, huius, hae) domus
illud, illi, illud, illo (hoc, huic, hoc, hoc) cornu
ille, illius, illi, illos (hic, huius, hi, hos) magistratus
illius, illi (huius, huic) rei

Seite 143

1. Bilde zu folgenden Zeitwortformen das passive Präsens, Imperfekt und Futur:

Präsens	*Imperfekt*	*Futur*
terreor	terrebar	terrebor
tacetur	tacebatur	tacebitur
adiuvaris	adiuvabaris	adiuvaberis
servantur	servabantur	servabuntur

2. Übersetze:

Eam (eos, eas) adiuvat. — Eum amamus. — Iis numquam auxilium negavi. — Sui semper memor est. — Cum ea ambulabunt. — Eius memor sum. — Amici officia eius laudant. — Eam eiusque amicos visitabimus.

Seite 144

3. Bilde zu folgenden Zeitwortformen die entsprechenden Formen von mittere:

mittite! — mittitur — mittam — mitteris — mittebant — mitto — mittet — mittuntur

4. Übersetze:

monitus(a) eram — interrogatus erat — territa est — laudati(ae) sunt — celebrati(ae) eramus

5. Ergänze das Relativpronomen und übersetze:

(quos) Die Bauern, die wir auf den Feldern sehen, arbeiten mit sehr großem Fleiß.
(quorum) Die Kinder, deren Freund krank ist, sind jetzt in Italien.
(quam) Cäsar fuhr nach Britannien, das römische Truppen niemals betreten hatten.
(quo) Wir sind dem Freund dankbar, von dem uns geholfen wird.
(quem) Cäsar, den das römische Volk verehrte, besiegte Gallien.

Seite 145

1. Bilde den Abl. Sg. und den Gen. Pl.:

Abl. Sg.	*Gen. Pl.*
more antiquo	morum antiquorum
nulla virtute	nullarum virtutum
homine paupere	hominum pauperum
turri alta	turrium altarum
ave pulchra	avium pulchrarum
verbo acri	verborum acrium
omni re	omnium rerum
mari alto	marium altorum
urbe antiqua	urbium antiquarum
magna vi	magnarum virium
genere nobili	generum nobilium
flumine longo	fluminum longorum
fratre infelici	fratrum infelicium

2. Übersetze:

Jene Städte wurden gewaltsam besiegt. — Wir erfreuen uns an den Stimmen der Vögel. — Die höchsten Beamten des römischen Staates waren die Konsuln. — Wir werden die Sitten der Vorfahren immer achten. — Wer wohnte jenseits des Tiber? — Diese Tiere leben im Meer. — Unser Landhaus ist zwei Meilen vom Meer entfernt.

Seite 146

3. Übersetze:

Brundisio Athenas navigaverunt. — A Sicilia Romam migravi. — Romae amicos meos visito. — Neapoli habitat. — Athenis omnia visitavimus.

1. Bilde zu folgenden Adjektiva den Komparativ und den Superlativ:

Komparativ	*Superlativ*
altior, ius	altissimus 3
nobilior, ius	nobilissimus 3
veterior, ius	veterrimus 3
pauperior, ius	pauperrimus 3
facilior, ius	facillimus 3
pulchrior, ius	pulcherrimus 3
peior, peius	pessimus 3
antiquior, ius	antiquissimus 3
melior, melius	optimus 3
magis necessarius 3	maxime necessarius 3

Seite 147

2. Übersetze:

Fortiter pugnaverunt. — Prudenter egit. — Gravissime laboramus. — Beatius vivunt quam nos (nobis). — Quis fortius pugnavit quam Hector (Hectore)? — Hostes facile vincent. — Graviter vulneratus est.

3. Übersetze:

Die Tiere sollen aus dem brennenden Stall gerettet worden sein. — Groß ist der Ruhm der Soldaten, die die Heimat verteidigen. — Die Griechen sollen die Trojaner im Schlaf getötet haben. — Romulus und Remus sollen mit Hilfe der Götter gerettet worden sein. — Obwohl die jungen Männer tapfer kämpften, wurden sie dennoch getötet. — Romulus soll in den Himmel aufgestiegen sein. — Romulus und Remus scheinen von Faustulus mit sehr großer Liebe erzogen worden zu sein. — Die Griechen sollen Troja mit Hilfe der Minerva erobert haben. — Wenn ihr den Turm besteigt (bestiegen haben werdet), werdet ihr den Fluß sehen.

Seite 148

4. Bilde zu folgenden Zeitwortformen die entsprechenden Formen von audire:

audiam — audiris — audieris — audiunt — audiri — audite! — audiebant — audiens

5. Beantworte in lateinischer Sprache und übersetze:

A.: Pomis egregiis gaudemus. — *Ü.:* Ihr freut euch über das ausgezeichnete Obst, nicht wahr? — Ja.
A.: Athenis non fui. — *Ü.:* Warst du etwa in Athen? — Nein.
A.: Verum (non) est. — *Ü.:* Ist das wahr? — Ja. (Nein).
A.: Liberi in horto ludunt. — *Ü.:* Spielen nicht die Kinder im Garten? — Ja.
A.: Graeci a Troianis superati non sunt. — *Ü.:* Wurden die Griechen etwa von den Trojanern besiegt? — Nein.
A.: Amicus noster Romae (non) fuit. — *Ü.:* War euer Freund in Rom? — Ja. (Nein).
A.: Galli Romam occupaverunt. — *Ü.:* Die Gallier besetzten Rom, nicht wahr? — Ja.

Seite 149

1. Bilde zu folgenden Zeitwortformen die entsprechenden Formen zu capere:

caperis	capiunt
capitis	capietur
ceperunt	capi
capiebam	cape
caperis	capieris

2. Bilde den akt. und pass. Inf. Präs. und den akt. und pass. Inf. Perf. zu:

akt.		*pass.*	
agere	egisse	agi	actus(3) esse
quaerere	quaesivisse	quaeri	quaesitus(3) esse
dicere	dixisse	dici	dictus(3) esse
capere	cepisse	capi	captus(3) esse
audire	audivisse	audiri	auditus(3) esse
celebrare	celebravisse	celebrari	celebratus(3) esse

3. Mache folgende Aussagesätze von Scio *abhängig und übersetze:*

Scio patrem a multis amatum esse. Ich weiß, daß der Vater von vielen geliebt wurde.
Scio liberos a parentibus amari. Ich weiß, daß die Kinder von den Eltern geliebt werden.
Scio me beatum esse. Ich weiß, daß ich glücklich bin.
Scio eos beatos esse. Ich weiß, daß sie glücklich sind.
Scio Scipionem Nasicam visitavisse. Ich weiß, daß Scipio Nasica besucht hat.
Scio Ennium egregium poetam Romanum fuisse. Ich weiß, daß Ennius ein hervorragender römischer Dichter war.
Scio Romulum inter pastores vitam egisse. Ich weiß, daß Romulus sein Leben unter (den) Hirten verbrachte.
Scio Romulum ad deos transisse. Ich weiß, daß Romulus unter die (zu den) Götter(n) hinübergegangen ist.
Scio Albanos a rege Romano victos esse. Ich weiß, daß die Bewohner von Alba Longa vom römischen König besiegt wurden.

Seite 150

4. Übersetze:

Ich las, daß ein Fuchs einen Hahn fangen wollte, daß er aber die Falle sah und floh. — Sie erzählten, daß (der) Friede von den Konsuln geschlossen wurde. — Sie erzählen, daß sie in diesem Sommer eine Reise nach Italien gemacht haben. — Er sagt, daß ihm der Vater oft über Rom erzählt.

Seite 151

1. Bilde zu folgenden Zeitwortformen die entsprechenden Formen zu laetari, confiteri *und* pati:

laetatur	confitetur	patitur
laetatus(a) erat	confessus(a) erat	passus(a) erat
laetare	confitere	patere
laetati(ae) sunt	confessi(ae) sunt	passi(ae) sunt
laetabar	confitebar	patiebar
laetatus(a) sum	confessus(a) sum	passus(a) sum
laetatus(3) esse	confessus(3) esse	passus(3) esse
laetaberis	confiteberis	patieris
laetantur	confitentur	patiuntur
laetatus(a) ero	confessus(a) ero	passus(a) ero

2. Bilde zu folgenden Zeitwortformen die entsprechenden Formen zu complecti *und* largiri:

complectens	largiens
complectentur	largientur
complectimini	largimini
complectitur	largitur
complectar	largiar

3. Übersetze:

du wirst wagen		sie haben sich gefreut
du hattest gewagt		vertrauend
er (sie, es) wird vertrauen		er (sie, es) pflegte
gewagt (zu) haben		ich werde mich freuen
sie hatte sich gefreut		er (sie, es) wagt
wir haben mißtraut		ich bin gewohnt gewesen
du kehrst zurück	du wirst zurückkehren	du wirst zurückgekehrt sein

Seite 152

4. Übersetze:

Die Mutter reiste in Begleitung der Sklaven mit den Kindern nach Sizilien. (Indem die Sklaven sie begleiteten, reiste . . .) — Der Sohn wird den Vater auf der Jagd begleiten. (Der Sohn wird den Vater, der jagt, begleiten.) — Die Jäger waren durch die Wälder gestreift. — Während (Da) der König zögerte, belagerten die Feinde die Stadt. — Nachdem (Da) die Feinde besiegt worden waren, war unsere Heimat vor jeder Gefahr sicher. — Er fürchtete die Feinde. — Die Römer verwüsteten die Gebiete der Nachbarn. — Da (Als) ein gewaltiger Eber die Felder verwüstete, glaubten die Bewohner, daß sie in höchster Gefahr seien. — Nachdem der Sohn des Königs mit einer Lanze durchbohrt worden war, flüchteten alle.

Maria Anna Steiner-Klement

Latein positiv!

1. Lernjahr
für die 3. Klasse Gymnasium oder die 5. Klasse Realgymnasium

6. Auflage

ÖBV Pädagogischer Verlag, Wien

Herausgeber: Min.-Rat Mag. DDr. Franz Sedlak

Zeichnungen: Emanuela Delignon
Umschlaggestaltung: Klaus Pitter

6. Auflage 1994 (6,0)

Satz: Garmond Helvetica, leicht
Papier: holzfrei, Offset, 100 g
Druck: Gutenberg, 2700 Wiener Neustadt, Johannes-Gutenberg-Straße 5
ISBN 3-215-**04697**-0

Inhalt

Zeichenerklärung:

E = exempla (Beispielsätze zur Erläuterung einer grammatischen Erscheinung)

NB = nota bene (Merksätze)

P = pensa (Aufgaben, Übungen)

Du sollst mit dem Bleistift ins Buch schreiben.

Liebe Eltern!

Noch ein Lehrbuch?
Keine Angst! „Latein positiv!“ bringt keinen zusätzlichen Lernstoff, sondern will Ihrer Tochter oder Ihrem Sohn helfen, die Anforderungen der Schule besser zu meistern.
Durch den geschickten, didaktisch überlegten Aufbau lassen sich die Übungen in diesem Buch vielfach einsetzen:

— vor Schularbeiten,
— vor Prüfungen,
— vor Wiederholungs- und Nachtragsprüfungen,
— nach krankheitsbedingten Unterbrechungen,
— zum Auffüllen von Stofflücken.

Das beigelegte Lösungsheft macht die Leistungskontrolle leicht, ob Ihre Tochter oder Ihr Sohn nun allein oder mit Ihrer Hilfe das Buch durcharbeitet.
Eine Bitte: Dieses Buch kann nur dann Lernlust und Lerngewinn bewirken, wenn die Aufgaben als hilfreiche Anregungen aufgefaßt und nicht als lästige Pflichtübungen erzwungen werden! Belohnen Sie auch ab und zu die zusätzliche Arbeit Ihrer Tochter oder Ihres Sohnes! Denn gerade wenn man das Lernen ernst nimmt, muß man es mit guter Laune und positivem Denken koppeln.

Viel Vergnügen und Erfolg mit „Latein positiv!“ wünscht

Ihr
Franz Sedlak

Mach mit!

Hast du in Latein Schwierigkeiten? „Latein positiv!“ will dir die Angst vor Latein nehmen. Latein ist keine unübersetzbare Geheimsprache (auch wenn es dir manchmal so vorkommt . . .). In dieser Sprache haben Schüler einander Witze erzählt, Lehrer Wissen abgeprüft, Schriftsteller spannende Geschichten geschrieben. (Kannst du dir das vorstellen???)

Wer Latein gelernt hat, kennt viele Vokabel in Französisch, Italienisch, aber auch in anderen Sprachen. Hältst du „Matura“ für ein deutsches Wort? Oder „Familie“? Oder „Militär“? Oder „Discothek“? (Pardon! Das kommt aus dem Griechischen!) Also: Setz bitte keine Trauermiene auf, wenn du Latein lernst. Denk daran, daß alles Neue uns zunächst zu schaffen macht! Stell dir vor, du würdest im Urlaub mit einer Zeitmaschine ins alte Rom reisen! Das vorliegende Buch „Latein positiv!“ will dir als „Sprachführer“ dabei helfen!

Viel Erfolg (und daß du dich im alten Rom bald heimisch fühlst) wünscht dir

dein
Franz Sedlak

Wichtige Lerntips für Latein

1. Wiederhole täglich den neuen Stoff, und frag sofort deinen Lehrer, wenn du etwas nicht verstehst!

2. Eine Vokabelkartei hilft dir beim Einprägen der vielen neuen Wörter.

   Nimm einen Stoß weißer Kärtchen (Karteikarten), und leg für jedes lateinische Wort eine Karteikarte an!

Vorderseite — Rückseite

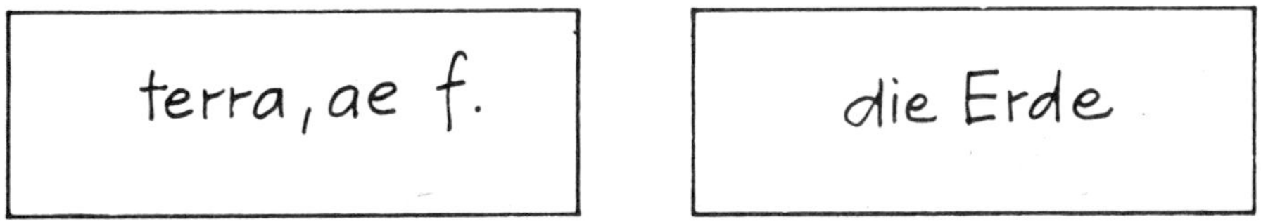

oder:

Vorderseite — Rückseite

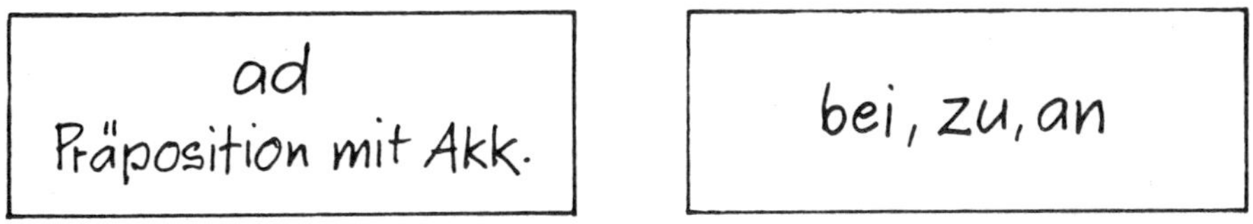

Wenn du einen Stoß beschriebener Kärtchen beisammen hast, dann prüfe dein Wissen: Alle Kärtchen mit den Wörtern, die du weißt, leg links auf einen Stoß, alle anderen rechts! Nun lernst du die Wörter des rechten Kartenstoßes, prüfst wieder usw.

Gekonnt! 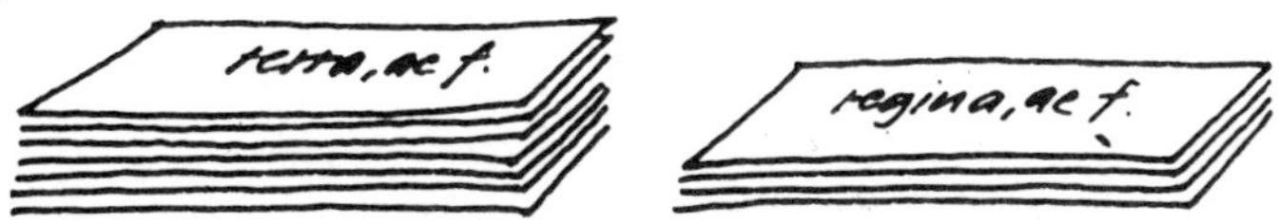 Noch nicht gekonnt!

Mach immer wieder Stichproben — auch bei den Wörtern, die du schon kannst!

Die Karteikarten lassen sich nach verschiedenen Gesichtspunkten ordnen:

— alphabetisch
— nach Wortarten (Eigenschaftswörter, Hauptwörter, Zeitwörter . . .)
— inhaltlich (Familie, Natur, Staat, Kriegswesen . . .)
— nach Wortfamilien (z. B. rex, regere, regnum, regnare, regina . . .)

3. Ganz wichtig ist folgendes: Übe das Bestimmen der Wortarten, das heißt, such im Text die Hauptwörter (Substantiva), Eigenschaftswörter (Adjektiva), Zeitwörter (Verba) usw.! Überlege, welche Funktion diese Wörter im Text haben (Subjekt, Objekt usw.)!

Wer hat es besser: Gaius oder Susanne?

Gaius:	*Susanne:*
Wir schreiben nur Eigennamen und davon abgeleitete Eigenschaftswörter groß!	Dafür müßt ihr aber die Eigennamen deklinieren.
Ja, aber wir haben weder einen bestimmten noch einen unbestimmten Artikel!	Fall und Zahl eines Nomens erkennt man bei euch an der Endung. Haben mehrere Fälle dieselbe Endung, so kann man nur aus dem Satzzusammenhang entscheiden, welcher Fall es an dieser Stelle ist.
Bei uns gibt es keine feste Wortfolge. Wir können durch eine bestimmte Wortstellung viel leichter etwas Wichtiges hervorheben! Nur das Prädikat ist oft am Satzende.	Dafür ist bei euch das Subjekt eines Satzes oft im Prädikat enthalten und daher schwerer erkennbar.
Im Lateinischen verbinden sich die Vorwörter (Präpositionen) nur mit dem 4. und dem 6. Fall! Bei euch gibt es da mehr Möglichkeiten.	Dafür müßt ihr aber sechs Fälle lernen, im Deutschen gibt es nur vier!
Ja, wer hat es nun wirklich besser?	

1. Teil
Grammatik mit Übungen

In diesem Teil werden schwierige Grammatikkapitel des ersten Lernjahres herausgegriffen und besonders aufbereitet, ohne den Anspruch auf Vollständigkeit zu erheben. Dieser Grammatikabriß kann und will weder ein Grammatik- noch ein Lehrbuch ersetzen; er soll **ergänzend** herangezogen werden, um verschiedene Stoffgebiete zu vertiefen und einzuüben. Bei den Substantiva wird auf die Gemeinsamkeiten innerhalb der Deklinationen hingewiesen, bei den Verba wird vor allem der Aufbau einer Verbalform veranschaulicht. Die Deklinationen der Substantiva, Adjektiva und Pronomina sowie die Konjugationen der Verba müssen nach den Tabellen im Grammatik- bzw. Lehrbuch gelernt werden!

Schlage bei den Übungen Wörter, die du nicht kennst, im Eigennamenverzeichnis, im lateinisch-deutschen Vokabular bzw. im deutsch-lateinischen Vokabular nach!

Wortarten

Substantiva

werden **dekliniert.** Bei einem Nomen (Substantiv, Adjektiv, Numerale) unterscheidet man:
Fall, Zahl und **Geschlecht.**

Vokalische Deklinationen (m. und f.)

	a-Dekl.	e-Dekl.	i-Dekl.	o-Dekl.	u-Dekl.
	Singular				
1.	terra	res	turris	populus	casus
2.	terrae	rei	turr**is**	populi	casus
3.	terrae	rei	turri	populo	casui
4.	terram	rem	turrim	populum	casum
5.	(terra)	(res)	(turris)	popule	(casus)
6.	terra	re	turri	populo	casu
	Plural				
1.	terrae	res	turres	populi	casus
2.	terr**arum**	**rerum**	turrium	popul**orum**	casuum
3.	terr**is**	rebus	turribus	popul**is**	casibus
4.	terras	res	turr**es**	populos	casus
5.	(terrae)	(res)	(turres)	populi	(casus)
6.	terr**is**	rebus	turribus	popul**is**	casibus

Konsonantische Deklination (m. und f.)

	Stamm auf 1 Kons.	Stamm auf 2 Kons.	Gleichsilbige Subst.
	Singular		
	pastor	urbs	navis
	pastor**is**	urb**is**	nav**is**
← i →	pastori	urbi	navi
← m →	pastorem	urbem	navem
	pastor	(urbs)	(navis)
← Stamm e →	pastore	urbe	nave
	Plural		
← s →	pastores	urbes	naves
← um →	pastorum	urbium	navium
← ibus →	pastoribus	urbibus	navibus
	pastor**es**	urb**es**	nav**es**
	pastores	(urbes)	(naves)
← ibus →	pastoribus	urbibus	navibus

Neutra

Nominativ Sg. = Akkusativ Sg.
Nominativ Pl. = Akkusativ Pl.: -a

		i-Dekl.	o-Dekl.	u-Dekl.	Kons. Dekl.
		Singular			
1.		mare	templum	cornu	tempus
2.		maris	templi	cornus	temporis
3.		mari	templo	cornu	tempori
4.		mare	templum	cornu	tempus
6.		mari	templo	cornu	tempore
		Plural			
1.	-a	maria	templa	cornua	tempora
2.		marium	templorum	cornuum	temporum
3.		maribus	templis	cornibus	temporibus
4.	-a	maria	templa	cornua	tempora
6.		maribus	templis	cornibus	temporibus

Adjektiva

(cf. **Attribut)**

1. der a- und der o-Deklination
   clarus (m.), clara (f.), clarum (n.)

2. der

		Konsonantischen Deklination			Mischdeklination			
		m.	f.	n.	m.	f.	n.	
		Singular						
1.			vetus		acer	acris	acre	
2.			veteris			acris		
3.			veteri			acri		
4.		veterem		vetus	acrem		acre	
6.	**-e**		veter**e**			acr**i**		**-i**
		Plural						
1.	**-a**	veteres		veter**a**	acres		acr**ia**	**-ia**
2.	**-um**		veter**um**			acr**ium**		**-ium**
3.			veteribus			acribus		
4.	**-a**	veteres		veter**a**	acres		acr**ia**	**-ia**
6.			veteribus			acribus		

Steigerung der Adjektiva

Komparativ:	-ior (m., f.), -ius (n.)	→ konsonantische Deklination
Superlativ:	-issimus 3 -errimus 3 -illimus 3	

Unregelmäßige Steigerung

magnus 3 (groß)	maior, maius	maximus 3
parvus 3 (klein)	minor, minus	minimus 3
bonus 3 (gut)	melior, melius	optimus 3
malus 3 (schlecht)	peior, peius	pessimus 3
multi 3 (viele)	plures, plura	plurimi 3
multum (viel)	plus	plurimum

Bilde zu folgenden Adjektiva Komparativ und Superlativ:

	Komparativ	*Superlativ*
vetus	....	....
clarus 3	....	....
fortis, e	....	....
diligens	....	....
bonus 3	....	....
multi 3	....	....
miser 3	....	....
rectus 3	....	....

Adverbia
(von Adjektiva abgeleitet)

Bildung der Adverbia

Adjektiva der a- und der o-Deklination:	⟶	-e
Adjektiva der Mischdeklination:	⟶	-iter
Adjektiva der Mischdeklination auf -**ns**:	⟶	-ter

Avis pulchre canit.
Wie singt der Vogel?

Der Vogel singt schön.

Dagegen: avis pulchra
Was für ein Vogel?

ein schöner Vogel

Milites fortiter pugnant.
Wie kämpfen die Soldaten?

Die Soldaten kämpfen tapfer.

Dagegen: miles fortis
Was für ein Soldat?

ein tapferer Soldat

NB

Das Ad-verb bestimmt ein Verb näher, das Adjektiv ein Substantiv.

Steigerung der Adverbia

Komparativ: -ius
Superlativ: -e

Bilde zu folgenden Adverbia Komparativ und Superlativ:

	Komparativ	*Superlativ*
celeriter		
clare		
bene		
misere		
fortiter		
prudenter		
diligenter		
acriter		
ample		
breviter		
constanter		
ferociter		
firme		
graviter		

Bezeichne die Adjektiva mit Adj. bzw. die Adverbia mit Adv. und übersetze:

Liberi celeriter currunt. — Hector fortissime pugnavit. — Recte dicis. — Villae illius vici pulcherrimae sunt. — Quis Troiam fortius defendit quam Hector? — Agricolae Romani in agris diligenter laborant. — Hic vir bene, fortiter, sapienter egit. — Quis miserius vivit quam illi captivi miserrimi? — Nemo ante mortem beatus est. — Beatius est dare quam accipere. — Homini sapienti illa verba iocosa placent. — Romani fortius pugnant quam Germani. — Homines constantissimi ab omnibus laudantur. — Incolae Italiae feliciores sunt quam aliarum terrarum. — Nulla urbs celebrior est quam Roma. — Quis similior erat Alexandro quam Titus imperator? — Fratres simillimi sunt. — Servianus beate vivit; nemo beatius vivit quam ille. — Voces liberorum pulchre canentium audivimus. — Hic vir fortissime egit. — Bene agite! — Bestiae optime aluntur. — Hostes celerrime fugientes tamen occiderunt.

Welches Wort paßt nicht in die Vierergruppe? Kreuze es an!

beate	☐	nobile	☐	amplus	☐	egregius	☐
fortiter	☐	pulchre	☐	ferox	☐	altius	☐
amplius	☐	beatus	☐	optimus	☐	maius	☐
necessarius	☐	celeber	☐	bonus	☐	amplius	☐
optimus	☐	miser	☐	fortissime	☐	pauperes	☐
maximus	☐	acer	☐	crudele	☐	similes	☐
beatus	☐	celer	☐	celerius	☐	pastores	☐
fortissimus	☐	celeber	☐	bene	☐	celeres	☐

Pronomina

Personalpronomina

EGO ICH

Lucius **mei** memor est.	Lucius erinnert sich **meiner.**
Lucius **mihi** placet.	Lucius gefällt **mir.**
Lucius **me** visitat.	Lucius besucht **mich.**
Lucius **a me** invitatur.	Lucius wird **von mir** eingeladen.
Lucius **mecum** laborat.	Lucius arbeitet **mit mir.**

TU DU

Lucius **tui** memor est.	Lucius erinnert sich **deiner.**
Lucius **tibi** placet.	Lucius gefällt **dir.**
Lucius **te** visitat.	Lucius besucht **dich.**
Lucius **a te** invitatur.	Lucius wird **von dir** eingeladen.
Lucius **tecum** laborat.	Lucius arbeitet **mit dir.**

NOS WIR

Gen.	Lucius nostri[1] memor est.	Lucius erinnert sich unser.
Gen.	Nemo nostrum[2] respondit.	Niemand von uns antwortete.
	Lucius nobis placet.	Lucius gefällt uns.
	Lucius nos visitat.	Lucius besucht uns.
	Lucius a nobis invitatur.	Lucius wird von uns eingeladen.
	Lucius nobiscum laborat.	Lucius arbeitet mit uns.

[1] Objektsgenetiv [2] Teilungsgenetiv

VOS IHR

Gen.	Lucius vestri[1] memor est.	Lucius erinnert sich euer.
Gen.	Nemo vestrum[2] respondit.	Niemand von euch antwortete.
	Lucius vobis placet.	Lucius gefällt euch.
	Lucius vos visitat.	Lucius besucht euch.
	Lucius a vobis invitatur.	Lucius wird von euch eingeladen.
	Lucius vobiscum laborat.	Lucius arbeitet mit euch.

[1] Objektsgenetiv [2] Teilungsgenetiv

Übersetze:

Liberi mecum laborant. — Quis vestrum Corneliam visitavit? — Illa villa mihi placet. — Amici de nobis narrant. — Cornelia tui memor est. — Multi nostrum iam in Italia fuerunt. — Vobiscum ambulat. — Vos nostri memores estis, nos vestri. — Te invitaverunt. — Si tu vales, bene est, ego valeo. — Nos visitant. — Mihi et tibi multas fabulas narravit. — Quis nostri memor non est? — Lucius multas horas nobiscum laboravit. — Vos in villam meam invitavi. — Tu, mi Luci, certe Romae fuisti.

Übersetze:

Er erzählt mir eine Geschichte. — Wir haben euch besucht. — Wir erwarten dich. — Du hast mich belehrt. — Sie haben uns viel über Italien erzählt. — Wer von euch ist schon in Italien gewesen? — Er hat uns begrüßt. — Ich rufe dich. — Mir gefällt das Landhaus des Lucius. — Wir sind mit euch viele Stunden spazierengegangen. — Ich dachte immer an euch; dachtet auch ihr an mich? — Wer von uns kennt nicht Rom und Athen?

Ergänze zu den in Klammern stehenden Personalpronomina den erforderlichen Fall und übersetze:

Liberi .... (ego) multa de Italia narraverunt. — Quis .... cum (tu) ambulavit? — Lucius .... cum (nos) in agris multas horas laboravit. — Magister .... (nos) linguam Latinam docet. — Amici .... (tu et ego) invitaverunt. — .... (vos) gratiam habemus. — Nemo .... (nos) post cenam ambulavit. — Lucius nunc .... cum (ego) habitat. — .... (tu et Lucius) invidemus. — Quam pulchrum est .... cum (vos) ambulare! — .... (tu) valde desideramus. — .... (vos) memor sum. — Liberi de .... (ego) multa narrant. — Lucius .... (nos) docebat. — Libri Vergilii .... (nos) placent. — .... (vos) obtemperamus. — .... (ego) adiuvat. — .... (vos) invident.

Possessivpronomina der 1. und 2. Person Sg. und Pl.

EGO

Amicus **meus** laborat.
Mein Freund arbeitet.

TU

Amicus **tuus** laborat.
Dein Freund arbeitet.

NOS

Amicus **noster** laborat.
Unser Freund arbeitet.

VOS

Amicus **vester** laborat.
Euer Freund arbeitet.

E

Cum amico **meo** labor**o**. **Ich** arbeite mit **meinem** Freund.

Cum amico **tuo** labora**s**. **Du** arbeitest mit **deinem** Freund.

Cum amico **nostro** labora**mus**. **Wir** arbeiten mit **unserem** Freund.

Cum amico **vestro** labora**tis**. **Ihr** arbeitet mit **eurem** Freund.

NB

Die Possessivpronomina **meus** 3 (mein), **tuus** 3 (dein), **noster** 3 (unser), **vester** 3 (euer) deklinieren wie Adjektiva der a- und der o-Deklination.

Setze folgende Sätze in die 1. und 2. Person Sg. und Pl. und übersetze:

Avum meum visitavi. ……………………
Avum tuum visitav…… . ……………………
Avum …………… visitav…… . ……………………
Avum …………… visitav…… . ……………………

Cum amico …………… ambulav…… . ……………………
Cum amico …………… ambulav…… . ……………………
Cum amico …………… ambulav…… . ……………………
Cum amico …………… ambulav…… . ……………………

Amicos …………… desidero. ……………………
Amicos …………… desidera…… . ……………………
Amicos …………… desidera…… . ……………………
Amicos …………… desidera…… . ……………………

Cum liberis …………… laborav…… . ……………………
Cum liberis …………… laborav…… . ……………………
Cum liberis …………… laborav…… . ……………………
Cum liberis …………… laborav…… . ……………………

Amicae …………… responde…… . ……………………
Amicae …………… responde…… . ……………………
Amicae …………… responde…… . ……………………
Amicae …………… responde…… . ……………………

Possessivpronomina der 3. Person Sg. und Pl.

Lucius

Cornelia

parentes

Cornelia parentes **suos** exspectat.

Subj.  *bezeichnet den Besitz des* 

Cornelia erwartet **ihre** Eltern.

Cornelia Lucium et **eius** parentes exspectat.

Subj.  *O_4 m.Sg.*  *bezeichnet den Besitz des* 

Cornelia erwartet Lucius und **seine** (dessen) Eltern.

Lucius provincias et **earum** incolas cognovit.

Subj. *O_4 f.Pl.* *bezeichnet den Besitz des O_4*

Lucius hat die Provinzen und **ihre** (deren) Bewohner kennengelernt.

Parentes liberos et eorum amicum exspectant.

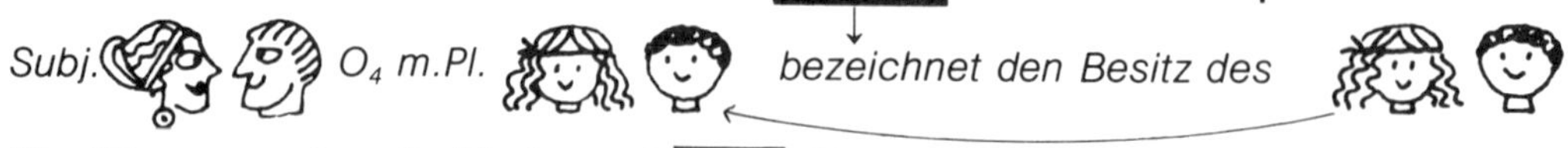

Die Eltern erwarten die Kinder und ihren (deren) Freund.

Lucius et eius amicus in horto sedent.

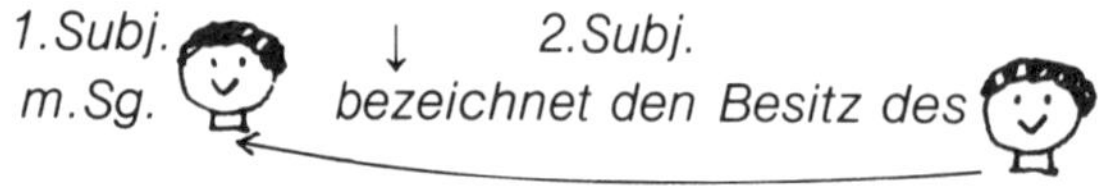

Lucius und sein Freund sitzen im Garten.

Lucius est puer duodecim annorum. Pater eius nobili familia natus est.

m.Sg. ←

Lucius ist ein zwölfjähriger Bub. Sein Vater stammt aus einer vornehmen Familie.

> **suus** 3 (ihr, sein) bezeichnet den Besitz des Subjekts.
> **eius** (m., f., n.Sg.), **eorum** (m., n.Pl.) und **earum** (f.Pl.) bezeichnen den Besitz
> 1. des Objekts,
> 2. des 1. von mehreren Subjekten,
> 3. wenn der Besitzer im Satz nicht genannt ist.

Übersetze:

Cornelia cum amicis suis ab Italia in Graeciam navigavit. Frater eius Romae mansit[1]. — Puellae earumque mater homines pauperes adiuvant. — Agricolae agros suos colunt; agri eorum fertiles sunt. — Pater liberis multa de provinciis earumque incolis narrat. — Cornelia et Lucius multas per provincias migrant. Pater eorum amicus Caesaris est. — Multi scriptores virtutem et prudentiam Hannibalis celebrant. Narra mihi de vita eius! — C. Iulius Caesar copias suas in Britanniam quoque transportavit et incolas eius perterruit. — Liberi Serviano eiusque uxori parent.

ANGABE
1 Perf. zu **maneo** 2: bleiben

Demonstrativpronomina

Lege **hunc** titulum! Lies **diese** Aufschrift!

1. **is, ea, id:** dieser, diese, dieses; er, sie, es
2. **idem, eadem, idem:** derselbe, dieselbe, dasselbe <* is-dem
3. **hic, haec, hoc:** dieser, diese, dieses (hier) <* hi-ce[1]
4. **ille, illa, illud:** jener, jene, jenes
5. **iste, ista, istud:** dieser, diese, dieses (da)
6. **ipse, ipsa, ipsum:** er selbst, sie selbst, es selbst

[1] -ce: hinweisende Partikel

Gen.Sg.m., f., n.	-ius
Dat.Sg.m., f., n	-i

Pronominale Deklination!

Die übrigen Fälle der Demonstrativpronomina werden nach der a- und der o-Deklination gebildet.

Bilde zu den in Klammern stehenden Demonstrativpronomina die erforderlichen Formen und übersetze:

Pulchriorem triumphum non vidi quam illum (ille). — .... (is) servis fidissimis libertatem donavit. — Cicero clarissimus orator .... (ille) temporis erat. — Pater liberis .... (hic) fabulam narrat: „Sub .... (hic) arbore leo puellam necavit; itaque parentes eius .... (hic) monumentum posuerunt." — .... (idem) die nati sumus. — .... (is) servo fidissimo gratiam habemus. — Ob .... (is) rem Caesar in Galliam contendit.

is, ea, id als Personalpronomen der 3. Person Sg. und Pl.

Eum saluto. Ich begrüße **ihn.**
Eos saluto. Ich begrüße **sie.**

Cum **ea** ambulamus. Wir gehen mit **ihr** spazieren.
Eius memores sumus. Wir denken an **ihn (sie).**

Personalpronomen der 3. Person Sg. und Pl.

Singular			*Plural*
m.	**f.**	**n.**	**m. f. n.**
er	sie	es	sie
seiner	ihrer	seiner	ihrer
ihm	ihr	ihm	ihnen
ihn	sie	es	sie

Übersetze:

Sie haben ihn gerufen. — Wir geben ihm ein Buch. — Ich gehe mit ihnen spazieren. — Er hat sie (n.Pl.) besichtigt. — Ich war einige Tage bei ihnen. — Quis eorum vobis ea narravit? — Eam visitavimus. — Ei invideo. — Iis omnia narrate! — Iis gratias age! — Eos vidimus. — Eorum memor sum. — Ei obtemperavi. — Eum invitavimus. — Ab eo invitati sumus. — Cum ea Romae fui.

ihr

Cum amicis vestris ambula**tis.**
Ihr geht mit euren Freunden spazieren.

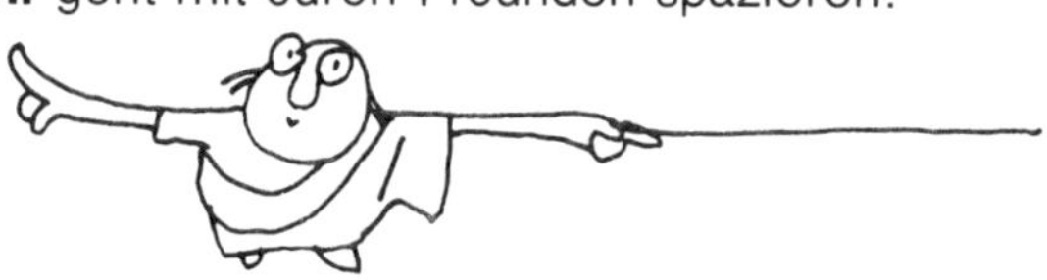

Personalpronomen 2.P.Pl.Nom.

Ei gratias ago. Ich danke **ihr.**

Personalpronomen 3.P.Sg.f.Dat.

Liberi tristes sunt. Pater **eorum** aeger est.
Die Kinder sind traurig. **Ihr** Vater ist krank.

Possessivpronomen
3.P.Pl.Nom.

Cornelia tristis est. Pater **eius** aeger est.
Cornelia ist traurig. **Ihr** Vater ist krank.

Possessivpronomen
3.P.Sg.f.Nom.

P

Übersetze:

Wir geben ihr ein Buch. — Die Mädchen sind nach Italien gereist. Ihr Großvater ist krank. — Ihr eilt in die Stadt. — Das Haus gefällt ihr. — Wenn ihr gesund seid, freue ich mich. — Julia ist traurig. Ihr Vater wurde verletzt (Perf.). — Ich habe ihr viel(es) über Italien erzählt. — Julia ist, wie mir Lucius erzählt hat, bei euch. Sicherlich seid ihr schon oft mit ihr spazierengegangen. — Lucius und Julia sind in Rom, ihr Vater in Afrika. — Cornelia ist bei Freunden; sie gehen oft mit ihr spazieren. — Zeigt ihr das Haus! — Cornelia und ihr Vater haben uns besucht.

Verba

werden **konjugiert.** Es gibt unbestimmte und bestimmte Verbalformen. Bei einer bestimmten Verbalform unterscheidet man: Person, Zahl, Zeit, Verhaltensweise (akt. oder pass.) und Aussageweise.

Aufbau einer Verbalform

1.P.Sg.

Präsensstamm		Endung
laud	~~a~~	o
doc	**e**	o
aud	**i**	o
le**g**		o
cap	**i**	o
	Stammvokal	

Akt.Inf. Präs.

Präsensstamm			Endung	
laud	**a**		re	→ **a**-Konj.
doc	**e**		re	→ **e**-Konj.
aud	**i**		re	→ **i**-Konj.
le**g**		ĕ	re	→ **kons.** Konj.
ca**p**		ĕ	re	→ **Misch**konj.
	Stammvokal	Bindevokal		

1. Woran erkennst du die Konjugation?

....

2. Warum spricht man von einer Mischkonjugation?

....

3. Was fällt dir in der 1.P.Sg. der a-Konjugation auf?

....

Bilde zu den oben angeführten Verba die 2.P.Sg. und die 3.P.Pl.:

2.P.Sg.

Präsensstamm		Endung
laud		
doc		
aud		
leg		
cap		
	....	
	....	

3.P.Pl.

Präsensstamm		Endung
laud		
doc		
aud		
leg		
cap		
	....	
	....	

Personalendungen für Präsens, Imperfekt und Futur

aktiv

Sg. 1.	-o, -m[1]	Pl.	-mus
2.	-s		-tis
3.	-t		-nt

[1] im Imperfekt

passiv

Sg. 1.	-or, -r[1]	Pl.	-mur
2.	-ris		-mini
3.	-tur		-ntur

[1] im Imperfekt

Präsensstamm
- → + (BV)[1] + Personalendung → **Präsens**
- → + (BV) + **ba** + Personalendung → **Imperfekt**
  (**ba** = *Tempuszeichen*)
- → + **b**[2] oder **a/e**[3] + Personalendung → **Futur**
  (**b** = Tempuszeichen; **a/e** = *BV*)

[1] Bindevokal
[2] bei der a- und der e-Konjugation
[3] bei der i-, der kons. und der Mischkonjugation

Präsens:	doce	—	o:						ich belehre
	Präsensstamm		Personalendung						
Imperfekt:	doce	—	**ba**	—	m:				ich belehrte
	Präsensstamm		*Tempuszeichen*		*Personalendung*				
	doce	—	**ba**	—	r:				ich wurde belehrt
Futur:	doce	—	**b**	—	o:				ich werde belehren
	Präsensstamm		*Tempuszeichen*		*Personalendung*				
	doce	—	**b**	—	e	—	ris:		du wirst belehrt werden
	Präsensstamm		*Tempuszeichen*		*BV*		*Personalendung*		
	mitt	—	a	—	m:				ich werde schicken
	Präsensstamm		*BV*		*Personalendung*				
	mitt	—	é	—	ris:				du wirst geschickt werden
	Präsensstamm		*BV*		*Personalendung*				

Unterscheide im Deutschen:

ich werde **belehrt**
Mittelw.2
pass. Präs.

ich werde **belehren**
Infinitiv
akt. Futur

ich werde **belehrt** werden
Mittelw.2
pass. Futur

Bestimme bei folgenden Zeitwortformen Person, Zahl, aktiv oder passiv und übersetze:

Präsens (a- und e-Konjugation):

	Person, Zahl, akt./pass.	*Übersetzung*
adiuvant	....	....
aedificantur	....	....
desidero	....	....
donas	....	....
docetur	....	....
videris	....	....
vastantur	....	....
datis	....	....
liberamini	....	....
arcet	....	....

Imperfekt (a- und e-Konjugation)

	Person, Zahl, akt./pass.	*Übersetzung*
docebantur	....	....
arcebantur	....	....
sedebamus	....	....
migrabam	....	....
dabatur	....	....
liberabar	....	....
sedebat	....	....
valebatis	....	....
delectabamur	....	....
navigabas	....	....

Futur (a- und e-Konjugation)

	Person, Zahl, akt./pass.	*Übersetzung*
videbor	....	....
docebuntur	....	....
arcebo	....	....
migrabimus	....	....
delectabimini	....	....
doceberis	....	....
narrabo	....	....
navigabis	....	....
celebrabitur	....	....
visitabimus	....	....

Bilde zu folgenden Zeitwortformen die entsprechenden Formen von diligere *(konsonantische Konjugation) und übersetze:*

	diligere	*Übersetzung*
adiuvant	....	....
aedificabuntur	....	....
desidero	....	....
dabam	....	....
migrabitis	....	....
videberis	....	....
migrabam	....	....
valemus	....	....
docebit	....	....
vastatur	....	....
navigas	....	....
invitaris	....	....
liberabimus	....	....
arcet	....	....
narrabam	....	....
adiuvabit	....	....
laudatis	....	....
sedeo	....	....
celebrantur	....	....
interrogant	....	....
laudabitur	....	....
adiuvaris	....	....
tenent	....	....
tenebantur	....	....
sedet	....	....

Bilde zu folgenden Zeitwortformen die entsprechenden Formen von vincire *(i-Konjugation) und übersetze:*

	vincire	*Übersetzung*
sedet	....	....
laudatis	....	....
celebrantur	....	....
tenemus	....	....
tenebitis	....	....
liberabimus	....	....
laudatis	....	....
invitaris	....	....
adiuvabis	....	....
docebo	....	....
doceberis	....	....
celebras	....	....
navigabamus	....	....
solet	....	....
solebant	....	....
sedetis	....	....
arcebunt	....	....
videbitur	....	....
videmus	....	....
dabam	....	....
vastatur	....	....
invitaris	....	....
interrogant	....	....
tenes	....	....

Bilde zu folgenden Zeitwortformen die entsprechenden Formen von afficere *(Mischkonjugation) und übersetze:*

	afficere	*Übersetzung*
videbitur	....	....
sedemus	....	....
migrant	....	....
migrabat	....	....
delectabaris	....	....
delectaberis	....	....
adiuvabunt	....	....
tenentur	....	....
vastatur	....	....
navigas	....	....
valetis	....	....
docet	....	....
celebrantur	....	....
celebrabantur	....	....
celebrabuntur	....	....
adiuvamini	....	....
iubent	....	....
sedet	....	....
aedificant	....	....
videbas	....	....
laudamini	....	....
navigabo	....	....

Aktives Perfekt, Plusquamperfekt und Futur II

Aktiver Perfektstamm + [1]

Sg. 1.	-i	Pl.	-imus
2.	-isti		-istis
3.	-it		-erunt

→ **aktives Perfekt**

Aktiver Perfektstamm +

Sg. 1.	-eram	Pl.	-eramus
2.	-eras		-eratis
3.	-erat		-erant

→ **aktives Plusquamperfekt**

Aktiver Perfektstamm +

Sg. 1.	-ero	Pl.	-erimus
2.	-eris		-eritis
3.	-erit		-erint

→ **aktives Futur II (*oder* exakt)**

[1] aktive Personalendungen des Perfekts

Passives Perfekt, Plusquamperfekt und Futur II

Passives Partizip Perfekt (P.P.P.)[1] + [2]

Sg. 1.	sum	Pl.	sumus
2.	es		estis
3.	est		sunt

→ **passives Perfekt**

Passives Partizip Perfekt (P.P.P.) + [3]

Sg. 1.	eram	Pl.	eramus
2.	eras		eratis
3.	erat		erant

→ **passives Plusquamperfekt**

Passives Partizip Perfekt (P.P.P.) + [4]

Sg. 1.	ero	Pl.	erimus
2.	eris		eritis
3.	erit		erunt

→ **passives Futur II (*oder* exakt)**

[1] dekliniert nach der a- und der o-Dekl.
[2] Präs. von „esse"
[3] Impf. von „esse"
[4] Futur von „esse"

Bestimme bei folgenden Zeitwortformen Person, Zahl, Perfekt/Plusquamperfekt, akt./pass. und übersetze:

	P., Zahl, Zeit, akt./pass.	*Übersetzung*
migravimus	1. P. Pl. Perf. akt.	wir sind gereist
invitati estis		
docuerat		
miserunt		
narravistis		
narratum est		
visi sunt		
fuit		
coluerunt		
exspectati erant		
docti erant		
laboraveratis		
iussistis		
laudatus(-a) es		
legisti		
dilecti eratis		
mansi		
victi sumus		
docta erat		
narravit		
vastatum est		
vicerant		

Die Stammformenreihe eines Verbums
muß man kennen, um alle Formen dieses Verbums bilden zu können.

laudo, (laudas), laud**a**-re — *Präsensstamm*
→ akt. + pass. **Präsens** · akt. + pass. **Imperfekt** · akt. + pass. **Futur**

lauda**v**-i — *akt. Perfektstamm*
→ akt. **Perf.** · akt. **Plusquperf.** · akt. **Futur II**

laudatus 3 — *P.P.P.*
→ pass. **Perf.** · pass. **Plusquperf.** · pass. **Futur II**

Bilde zu folgenden Zeitwortformen die entsprechenden Perfektformen und übersetze:

	Perfekt	*Übersetzung*
moventur	....	....
sedet	....	....
legimus	....	....
interrogaris	....	....
iubetis	....	....
liberamur	....	....
manent	....	....
navigant	....	....
obtemperatis	....	....
nubit	....	....
perturbantur	....	....
praebes	....	....

	Perfekt	*Übersetzung*
est	....	....
respondetur	....	....
protegitur	....	....
salutamini	....	....
solvis	....	....
supero	....	....
tenet	....	....
vincimur	....	....

Bilde zu folgenden Zeitwortformen die entsprechenden Futur-II-Formen:

	Futur II
vinco	....
vocatur	....
navigamus	....
mittuntur	....
videris	....
visitant	....
docemus	....
invitamini	....
iubes	....
adiuvant	....

*Bestimme bei folgenden Zeitwortformen (**aller** Konjugationen und **aller** Zeiten) Person, Zahl, Zeit, akt./pass. und übersetze:*

	Person, Zahl, Zeit, akt./pass.	*Übersetzung*
prohibiti erant	....	....
properaveram	....	....
properabitis	....	....
putaverunt	....	....
relinquis	....	....
relinqueris	....	....
solvunt	....	....
solvero	....	....
spectatur	....	....
spectabam	....	....
fuistis	....	....
accipiuntur	....	....
caperis	....	....
ceperis	....	....
venitis	....	....
venistis	....	....
vivetis	....	....
audieris	....	....
audiuntur	....	....
cecineramus	....	....
displicuit	....	....
dormiunt	....	....
fugietis	....	....
exspectamur	....	....

Woraus setzt sich ein Satz zusammen?

Prädikat / Satzaussage *(P.)*
Subjekt / Satzgegenstand *(Subj.)*
Objekt / Ergänzung *(Obj.)*
Adverbielle Bestimmungen / Umstandsangaben *(Adv. Best.)*
} **Satzglieder**

Attribut / Beifügung *(Att.)*
Apposition / Hauptwörtliche Beifügung im gleichen Fall *(App.)*
} **Satzgliedteile**

Subjekt — Prädikat

Lucius bonus est. Lucius ist tüchtig.
Subj. *P.* *Subj.* *P.*

Lucius laborat. Lucius arbeitet.
Subj. *P.* *Subj.* *P.*

Liberi boni sunt. Die Kinder sind tüchtig.
Subj. *P.* *Subj.* *P.*

Liberi laborant. Die Kinder arbeiten.
Subj. *P.* *Subj.* *P.*

Das Prädikat kann bestehen aus:
a) dem Hilfszeitwort „sein" und einem Substantiv oder Adjektiv im Nominativ,
b) einem Hauptzeitwort.

Subjekt — Objekt im Akkusativ (O_4) — Prädikat

Cornelia videt ⟶ **Lucium.**

Subj. *P.* O_4

Cornelia sieht Lucius.

Cornelia Lucius

Corneliam ⟵ videt Lucius.

O_4 *P.* *Subj.*

Lucius sieht Cornelia.

Woran erkennst du im Lateinischen Subj. und O_4? Woran im Deutschen?

....

....

QUIS? WER? QUEM? WEN? (MICH)

Cornelia	salutat ⟶	**Lucium.**
Cornelia	begrüßt	Lucius.

QUIS? WER? QUEM? WEN? (MICH)

Lucius	salutat ⟶	**Corneliam.**
Lucius	begrüßt	Cornelia.

QUIS? WER? QUID? WAS?

Lucius scribit → **epistulam.**

Lucius schreibt einen Brief.

QUIS? WER? QUID? WAS?

Legatus provinciam ← administrat.

Der Statthalter verwaltet die Provinz.

Könntest du bei den letzten beiden Sätzen auch Subj. und O_4 vertauschen?

....

....

Subjekt — Objekt im Dativ (O_3) — Prädikat

Cornelia paret → **Lucio**.

Subj. *P.* *O_3*

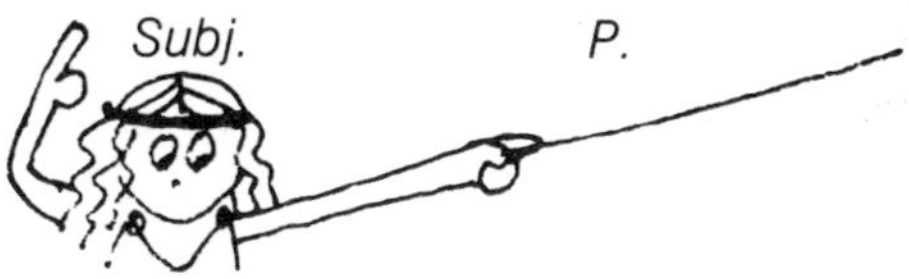

Cornelia gehorcht (dem) Lucius.

Corneliae ← paret **Lucius.**

O_3 *P.* *Subj.*

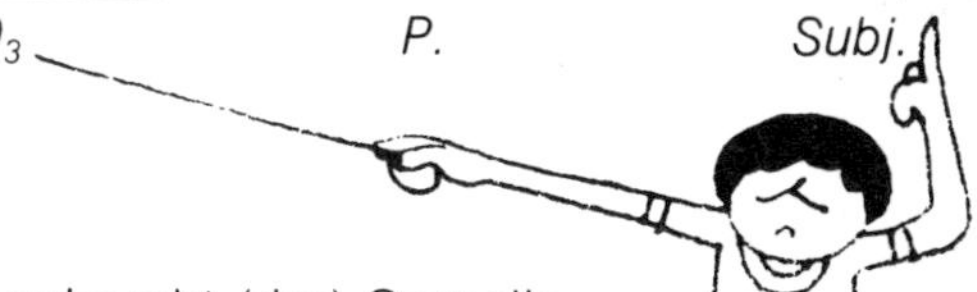

Lucius gehorcht (der) Cornelia.

Cornelia Lucius

QUIS? WER?			CUI? WEM? (MIR)
Cornelia	placet	→	**Lucio**.
Cornelia	gefällt		Lucius.

QUIS? WER?			CUI? WEM? (MIR)
Lucius	placet	→	**Corneliae**.
Lucius	gefällt		Cornelia.

QUID? WAS? CUI? WEM? (MIR)

Liber	placet	→	**Lucio**.
Das Buch	gefällt		Lucius.

QUID? WAS?			CUI? WEM? (MIR)
Libri	placent	→	**Corneliae**.
Die Bücher	gefallen		Cornelia.

QUID? WAS? CUI? WEM? (MIR)

Statua	displicet	→	**Corneliae**.
Die Statue	gefällt		Cornelia nicht.

QUIS? WER?			CUI? WEM? (MIR)
Liberi	parent	→	**magistro**.
Die Kinder	gehorchen		dem Lehrer.

Subjekt — Objekt im Dativ (O_3) — Objekt im Akkusativ (O_4) — Prädikat

QUIS? WER?		CUI? WEM?	QUID? WAS?	

Lucius		**Corneliae**	**librum**	**dat.**
Subj.		O_3	O_4	*P.*
Lucius	gibt	Cornelia	ein Buch.	
Cornelia		**Lucio**	**fabulam**	**narrat.**
Subj.		O_3	O_4	*P.*
Cornelia	erzählt	Lucius	eine Geschichte.	
Lucius		**Corneliae**	**Vindobonam**	**monstrat.**
Subj.		O_3	O_4	*P.*
Lucius	zeigt	Cornelia	Wien.	
		Corneliae	**Vindobonam**	**monstrat.**
		O_3	O_4	*P. (+ Subj.)*
Er (Sie)	zeigt	Cornelia	Wien.	

NB

Das Personalpronomen als Subjekt wird im Lateinischen selten gesetzt. Das deutsche Subjekt muß aus der Personalendung des lateinischen Verbums erschlossen werden (cf. p. 24 und 31).

Adverbielle Bestimmungen

- → **Adverb** (Adv.)
- → **Nomen** (deklinierbares Wort) **im Ablativ** (Abl.)
- → **Präpositionalausdruck** (Präpau.)

Der Ablativ
steht auf folgende Fragen:

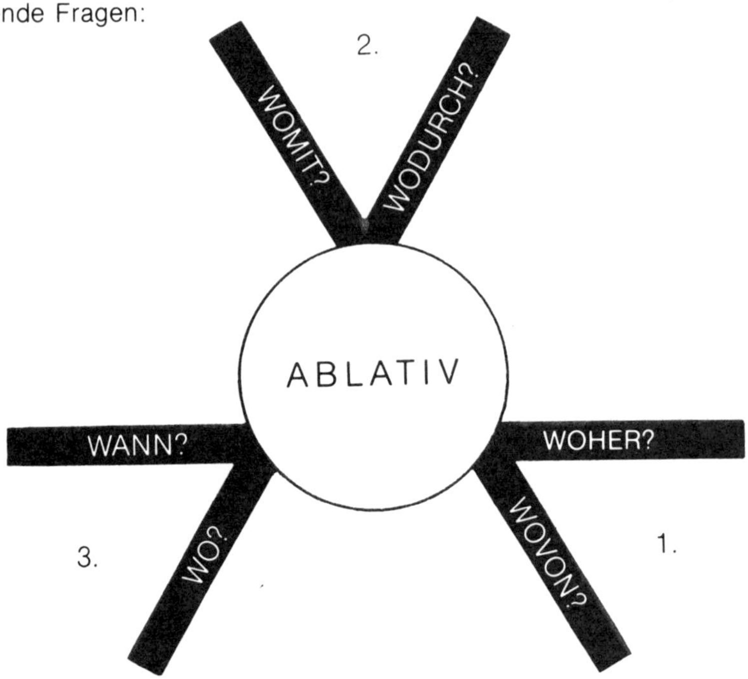

1. **Ablativus separationis** (Abl. der Trennung)[1]
2. **Ablativus instrumenti** (Abl. des Mittels)
3. **Ablativus loci** (Abl. des Ortes)[1]
   Ablativus temporis (Abl. der Zeit)

---

1 Cf. Ortsnamen p. 73

WOMIT?

Lucius raeda migrat.

Lucius reist im Wagen

WOMIT?

Lucius stilo scribit.

Lucius schreibt mit dem Griffel

VON WO?

Tyrannus Roma exturbatus est.

Der Tyrann ist aus Rom vertrieben worden.

WO?

Terra marique Romani pugnaverunt.

Die Römer kämpften zu Land und zu Wasser.

Präpositionalausdruck

NB

Präpositionen verbinden sich im Lateinischen **nur** mit dem **Akkusativ** oder dem **Ablativ.**

Akkusativ

ad:	bei, zu, an
ante:	vor
apud:	bei
circum:	um
contra:	gegen
inter:	zwischen, unter
ob:	wegen
per:	durch, ringsum in
post:	nach, hinter
praeter:	an . . . vorbei, außer
prope:	nahe bei, in der Nähe
propter:	wegen
trans:	jenseits, über (hinüber)

Ablativ

a, ab:	von
cum:	mit
de:	von, über
e, ex:	aus
pro:	vor, für
sine:	ohne

in, nach, gegen	WOHIN? **Akk.** + ←	IN	→ + **Abl.** WO?	in, an, auf
unter	WOHIN? **Akk.** + ←	SUB	→ + **Abl.** WO?	unter, am Fuß von

E

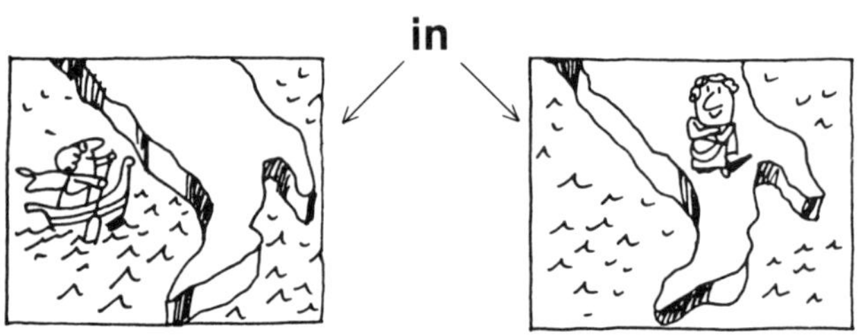

WOHIN?

in Italiam
nach Italien

WO?

in Italia
in Italien

Bilde die erforderlichen Fälle der dargestellten Dinge und übersetze:

apud  ....

 ....

post  ....

sub

WOHIN?

WO?

....

....

sine  ....

 ....

praeter  ....

e, ex  ....

cum  ....

trans  ....

prope  ....

E

Mane agricolae studio in agris laborant.

Adv. *Subj.* *Abl.* *Präpau.* *P.*

Frühmorgens arbeiten die Bauern mit Eifer auf den Feldern.

Nonnumquam liberi aestate apud amicos habitant.

Adv. *Subj.* *Abl.* *Präpau.* *P.*

Manchmal wohnen die Kinder im Sommer bei ihren Freunden.

Das Attribut

- → **Adjektiv** (Adj.)
- → **Genetiv** (Gen.)
- → **Pronomen** (Pron.)

NB

> Das attributive Adjektiv bzw. Pronomen stimmt in Fall, Zahl und Geschlecht mit dem dazugehörigen Substantiv überein.

Die Übereinstimmung des attributiven Adjektivs (Pronomens) mit dem dazugehörigen Substantiv

clarus (m.), clara (f.), clarum (n.) ⟶ Adj. der a- und der o-Dekl.

m.Sg.

circus **clarus**
der **berühmte** Zirkus

ille circus
jener Zirkus

f.Sg.

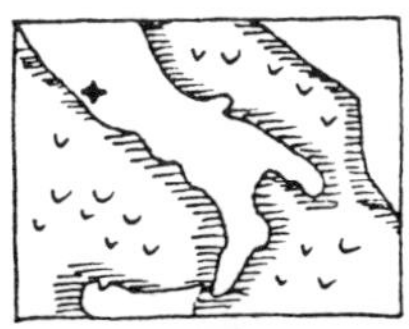

Italia **clara**
das **berühmte** Italien

illa Italia
jenes Italien

n.Sg.

templum **clarum**
der **berühmte** Tempel

illud templum
jener Tempel

NB

m.

agricola **bonus**
der **tüchtige** Bauer

hic agricola
dieser Bauer

m.

poeta **clarus**
der **berühmte** Dichter

hic poeta
dieser Dichter

celeber (m.), celebris (f.), celebre (n.) ⟶ Adj. der Mischdeklination

m.	f.	n.
locus **celeber**	femina **celebris**	templum **celebre**
ein **belebter** Ort	eine **berühmte** Frau	ein **berühmter** Tempel
ille dies	**illa** domus	**illud** carmen
jener Tag	**jenes** Haus	**jenes** Gedicht

Dekliniere Singular und Plural:

agricola bonus (der tüchtige Bauer)
templum celebre (der berühmte Tempel)
vir prudens et dives (der kluge und reiche Mann)
imperator bonus (ein guter Feldherr)
illa turris alta (jener hohe Turm)
exercitus Romanus (das römische Heer)
ea res pulchra (diese schöne Sache)

Bilde zu folgenden Wortblöcken den Abl. Sg. und Gen. Pl.:

	Abl. Sg.	*Gen. Pl.*
genus nobile	....	....
genus nobilius	....	....
ille homo dives	....	....
vis magna	....	....
urbs antiqua	....	....
omne mare	....	....
miles vetus	....	....
orator pauper	....	....
puer prudens	....	....

Das Genetivattribut

CUIUS? WESSEN?	CUIUS? WESSEN?	CUIUS? WESSEN?
amicus **Lucii**	incolae **Italiae**	libri **Corneliae**
ein Freund **des Lucius**	die Bewohner **Italiens**	die Bücher **der Cornelia**

Agricolae **Italiae** **magno** studio in agris **suis** laborant.

Subj. *Gen.att.* *Att.(Adj.)* *Abl.* *Präpau.* *Att.(Pron.)* *P.*

Die Bauern **Italiens** arbeiten mit **großem** Eifer auf **ihren** Feldern.

Die Apposition

> Die Apposition ist eine nähere Bestimmung eines Substantivs durch ein Substantiv im gleichen Fall (mit oder ohne Attribut).

C. Iulius Caesar / **summus imperator Romanus** /

Subj. *App.*

Galliam / **terram trans Alpes sitam** / pacavit.

O_4 ← *App.* *P.*

C. Julius Cäsar, / **der bedeutendste römische Feldherr** , / unterwarf

Gallien, / **das Land jenseits der Alpen (gelegen)** / .

Übersetze:

Titum et Lucium, amicos nostros, in villam nostram invitavimus. — Quis Siciliam, illam insulam pulcherrimam, ignorat? — Saepe Lucii, amici mei, memor sum. — Lucio, amico meo, saepe fabulas narrabam. — Romam, urbem pulchram, Romulus, ut fama est, condidit. — Aeneas, filius Veneris et Anchisae, Troia fugit. — Iuliae, amicae meae, invideo, quod in Italiam migravit.

P

Wiederhole sämtliche Satzglieder und Satzgliedteile und übersetze:

Cornelia narrat.
Subj. *P.*

Cornelia **fabulam** narrat.
O_4

Cornelia **Lucio** fabulam narrat.
O_3

Mane Cornelia Lucio fabulam narrat.
Adv.

Mane Cornelia Lucio **studio** fabulam narrat.
Abl.

Mane Cornelia Lucio **in horto** studio fabulam narrat.
Präpau.

Mane Cornelia Lucio in horto **amoeno** fabulam **ridiculam** **magno** studio narrat.
Att.(Adj.) *Att.(Adj.)* *Att.(Adj.)*

Mane Cornelia Lucio in horto amoeno **avi** fabulam ridiculam magno studio narrat.
Att.(Gen.)

Mane Cornelia Lucio in **illo** horto amoeno avi fabulam ridiculam magno studio narrat.
Att.(Pron.)

Mane Cornelia Lucio, **amico suo,** in illo horto amoeno avi fabulam ridiculam magno studio narrat.
App.

NB

Dieser Satz läßt sich, wie folgt, in Wortblöcke zerlegen:

Mane / Cornelia / Lucio, amico suo, / in illo horto amoeno avi / fabulam ridiculam / magno studio / narrat.

Relativsätze

Relativsätze sind Attributsätze.
Relativpronomen: qui, quae, quod: (welcher, welche, welches); der, die, das

Iuppiter, **quem** Romani adoraverunt, imperium Romanum servavit.
m.Sg. *m.Sg.Akk.*

wen *beteten die Römer an?*

Jupiter, den die Römer anbeteten, beschützte das Römische Reich.

Di, **quos** Romani adoraverunt, imperium Romanum servaverunt.
m.Pl. *m.Pl.Akk.* ← wen?

Die Götter, die die Römer anbeteten, beschützten das Römische Reich.

Amici, **quorum** villa ad mare sita est, nos invitaverunt.
m.Pl. *m.Pl.Gen.*
↖ wessen Landhaus liegt am Meer?

Die Freunde, deren Landhaus am Meer liegt, haben uns eingeladen.

Urbs, in **qua** habitant, pulchra est.
f.Sg. ↓ *f.Sg.Abl.*
in + Abl.: wo?

Die Stadt, in der sie wohnen, ist schön.

Zahl und Geschlecht des Relativpronomens richten sich nach dem Beziehungswort im übergeordneten Satz, der Fall nach der Funktion im Relativsatz.

Ergänze die fehlenden Relativpronomina und übersetze:

Feminae, ... liberi summo in periculo fuerunt, deos adoraverunt.

C. Iulius Caesar summus imperator fuit, ... populus Romanus magni aestimavit, ... copiae Romanae paruerunt, ... Galliam pacavit.

Magistri, a .... liberi docentur, boni sunt.

Lucius de incendio, ... Roma vastata est, multa narravit.

Iam multa templa spectavimus, ... Romani dis deabusque aedificaverunt.

Puellae, ... multas fabulas iam narravi, me summo desiderio exspectant.

Nonnulli amore suorum, ... servare student, occidunt.

Matres, ... liberi flammis circumdati sunt, deos adorant et a viris auxilium petunt.

Ara, apud .... milites dis deabusque sacrificant, mediis in castris constituta est.

Caesar legiones, ... praeerat, in Britanniam quoque duxit.

Res, ... delectamur, summa diligentia observamus[1].

Aedem Concordiae, ... Romani antiquis temporibus aedificaverunt, a Capitolio vidimus.

Nonnulli viri, ... feminas liberosque adiuvabant, flammis circumdati occiderunt.

Numerus aedificiorum, ... incendium vastavit, magnus est.

ANGABE
1 **observo** 1: hüten

Übersetze:

Lucius, dessen Vater Statthalter von Norikum (= Gen.) war, erzählt den Freunden viel über die Germanen, die jenseits der Donau wohnen.
Die Römer errichteten den Göttern, mit deren Hilfe sie die Völker regierten, viele Tempel.
Die Freunde, die wir besuchten, sind jetzt in Italien.
Ich liebe den Großvater, bei dem ich den Sommer zu verbringen pflege.

Direkte Fragesätze

Entscheidungsfragen

werden nur mit JA oder NEIN beantwortert.
Sie werden mit **Fragepartikeln** eingeleitet:

		Erwartete Antwort:
num:	etwa	**nein**
nonne:	nicht, nicht wahr	**ja**
-ne:	∅	**ja** oder **nein**

Ergänzungsfragen

werden eingeleitet mit

Fragepronomina

quis?	wer?
quid?	was?
qui?	welcher?
quae?	welche?
quod?	welches?

Frageadverbia

cur? = quare?	warum?
unde?	woher?
quando?	wann?
quomodo?	wie?
ubi?	wo?
quo?	wohin?

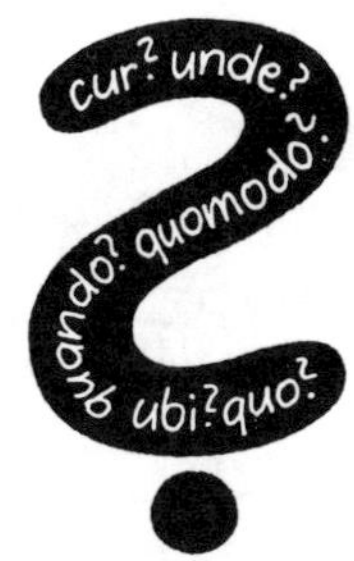

Doppel- oder Wahlfragen

Der Befragte soll zwischen zwei oder mehreren Möglichkeiten wählen.

Fragepartikel
utrum = -ne = ∅
an: oder

Entscheidungsfragen

Num Lucius aeger est?	Lucius aeger non est.	
Ist Lucius **etwa** krank?	(Lucius ist nicht krank.)	**Nein**
Nonne Lucius aeger est?	Lucius aeger est.	
Lucius ist krank, **nicht wahr**?	(Lucius ist krank.)	**Ja**
Lucius**ne** aeger est?	Lucius aeger (non) est.	
Ist Lucius krank?	(Lucius ist [nicht] krank.)	**Ja** *oder* **Nein**

Übersetze und beantworte in lateinischer Sprache:
Nonne Graeci Troiam oppugnaverunt? — Luciusne Corneliae de bello Troiano narravit? — Num Lucius solus in Italiam migravit? — Audivistisne de incendio Romae? — Nonne Servianus a multis diligitur? — Num caelo sereno domi manebis? — Nonne tibi de ea re narravi? — Nonne illa aedificia pulchra Romae vidisti?

Beantworte in lateinischer Sprache und übersetze:

non deletum est ....

Num templum deletum est?

Ü.: ....

....

Nonne liberi in horto ludunt?

Ü.: ....

....

Nonne liberi raeda migrant?

Ü.: ....

....

Nonne rana[1] cum natis[2] suis in prato ambulat?

Ü.: ....

....

Nonne castra ad Danuvium collocata sunt?

Ü.: ....

ANGABEN
1 **rana,** ae: Frosch / 2 **natus,** i: (das) Junge

Ergänzungsfragen

Quis provinciam administrat? — **Wer** verwaltet die Provinz?
Quando Romani castra posuerunt? — **Wann** errichteten die Römer das Lager?

Übersetze:
Wen habt ihr in Italien besucht? — Warum ist Lucius vom Lehrer gelobt worden? — Wie ist Troja von den Griechen zerstört worden? — Welche Stadt hast du besichtigt? — Qui homines spectaculis crudelibus delectantur? — Quos populos Romani vicerunt? — Cui imperatori senatus triumphum decrevit? — Cuius viri memor es? — Quam fabulam pater tibi narravit? — Quibus ludis Romae interfuistis? — Quas urbes Italiae visitaverunt? — Quae aedificia incendio vastata erant? — Cui populo Romani inimici erant? — Qui populus Romanis periculosus erat? — Quorum deorum templum in Capitolio situm est? — Quam aedem visitavisti? — Ubi templum Vestae situm est? — Quando Germani Romanos superaverunt? — Quis Troiam fortius defendit quam Hector?

Doppel- oder Wahlfragen

Utrum Troiae fuistis **an** Athenis? = Fuistis**ne** Troiae **an** Athenis? = = Fuistis Troiae **an** Athenis? — Wart ihr in Troja **oder** in Athen?

Utrum Aeneas in Italiam venit **an** non? = Aeneas**ne** in Italiam venit **an** non? = Aeneas in Italiam venit **an** non?
Kam Äneas nach Italien **oder** nicht?

Übersetze:
(Utrum) Lucius domi mansit an cum patre in Italiam migravit? — Luciumne pater Athenas an in Siciliam mittet? — Utrum familia Plinii ex urbe ardente servata est an occidit? — Caelo sereno in horto ludetis an in fluvio navigabitis? — Utrum Caesar Britannos vicit an non? — (Utrum) Hector fortior erat an Achilles?

Accusativus cum infinitivo (AcI)

NB

Der AcI ist im Lateinischen ein Satzglied.

Der AcI als Objekt

Lucius videt → **patrem venire.**
Subj. *P.* O_4

Objekts-akkusativ *Objekts-infinitiv*

Lucius sieht den Vater kommen.

Lucius dicit → **patrem venire.**
O_4

Subjekts-akkusativ *Infinitiv*

Lucius sagt, der Vater komme.
Lucius sagt, **daß** der Vater kommt.

Der AcI als Subjekt

Patrem venire constat.
Subj. *P.*

Subjekts-akkusativ *Infinitiv*

Daß der Vater kommt, ist sicher.

Die Übersetzung des AcI ins Deutsche

Putat **amicos** **valere.**

↓ ↓

lat. *Subjakk.* *Inf.*

↓ ↓

d. *Subj.* *P.*

↓ ↓

Er glaubt, **daß** die Freunde gesund sind.

Caesarem in Galliam **contendere** nuntiant.

Sie berichten, **daß** Cäsar nach Gallien eile.

Die Übersetzung des deutschen abhängigen Aussagesatzes ins Lateinische

Ich glaube, daß der Vater arbeitet.

↓ ↓ ↓

Über-geordnetes Verb *∅* *Subj.* *P.*

↓ ↓

Subjakk. *Inf.*

↓ ↓

Puto **patrem** **laborare.**

Sie berichten, daß die Soldaten tapfer kämpfen.

∅ *Subj.* *P.*

Nuntiant **milites** fortiter **pugnare.**

Wir wissen, daß Rom durch einen Brand zerstört wurde.

∅ *Subj.* *P.*

Scimus **Romam** incendio **deletam esse.**

Der Infinitiv im AcI

drückt ein **Zeitverhältnis** aus.

← vorher **Scio** nachher →
Ich weiß,

vorzeitig	gleichzeitig	nachzeitig
patrem venisse.	**patrem venire.**	**patrem venturum esse.**
daß der Vater gekommen ist.	daß der Vater kommt.	daß der Vater kommen wird.

← vorher **Dixerunt** nachher →
Sie sagten,

vorzeitig	gleichzeitig	nachzeitig
patrem venisse.	**patrem venire.**	**patrem venturum esse.**
daß der Vater gekommen sei.	daß der Vater komme.	daß der Vater kommen werde.

NB Die Zeit des übergeordneten Verbums hat **keinen** Einfluß auf das Zeitverhältnis.

Die Kongruenz im AcI

Scio patrem aegr**um** esse. Ich weiß, daß der Vater krank ist.
Akk.Sg.m.

Scio matrem aegr**am** esse. Ich weiß, daß die Mutter krank ist.
Akk.Sg.f.

Scio liberos aegr**os** esse. Ich weiß, daß die Kinder krank sind.
Akk.Pl.m.

Scio puellas aegr**as** esse. Ich weiß, daß die Mädchen krank sind.
Akk.Pl.f.

Nuntiant oppidum vastat**um** esse. Sie berichten, daß die Stadt verwüstet (worden) ist.
Akk.Sg.n.

Nuntiant agros vastat**os** esse. Sie berichten, daß die Felder verwüstet (worden) sind.
Akk.Pl.m.

Nuntiant terram vastat**am** esse. Sie berichten, daß das Land verwüstet (worden) ist.
Akk.Sg.f.

Das Reflexivpronomen im AcI

Lucius **se** in Italia fuisse dicit. Lucius sagt, daß **er** in Italien gewesen ist.
Subj.

Liberi **se** in Italia fuisse dicunt. Die Kinder sagen, daß **sie** in Italien gewesen sind.
Subj.

Dicunt sapientem omnia **se**cum portare. Sie sagen, daß der Weise alles mit **sich** trägt.
Subjakk.

Worauf bezieht sich im AcI das Reflexivpronomen?

1. ....

2. ....

Bildung der Infinitive

Präsens aktiv:
Verbalstamm + (BV) + re
lauda — re: (zu) loben
leg — ĕ — re: (zu) lesen

Präsens passiv:
Verbalstamm + ri (bei der a-, e-, i-Konjugation)
lauda — ri: gelobt (zu) werden

Verbalstamm + i (konsonantische und Mischkonjugation)
leg — i: gelesen (zu) werden

Perfekt aktiv:
Aktiver Perfektstamm + isse
laudav — isse: gelobt (zu) haben
leg — isse: gelesen (zu) haben

Perfekt passiv:
P.P.P. + esse
laudatus 3 esse: gelobt worden (zu) sein

Futur aktiv:
Partizip Futur + esse
laudaturus esse: loben (zu) wollen

Bilde die Infinitive lateinisch und deutsch zu folgenden Zeitwörtern: ich lobe; ich sehe; ich schicke; ich höre

	lateinisch	*deutsch*
Präs. akt.:	....	....
pass.:	....	....
Perf. akt.:	....	....
pass.:	....	....
Futur akt.[1]:	....	....

[1] Stoff des zweiten Lernjahres

	lateinisch	*deutsch*
Präs. akt.:	....	....
pass.:	....	....
Perf. akt.:	....	....
pass.:	....	....
Futur akt.[1]:	....	....
Präs. akt.:	....	....
pass.:	....	....
Perf. akt.:	....	....
pass.:	....	....
Futur akt.[1]:	....	....
Präs. akt.:	....	....
pass.:	....	....
Perf. akt.:	....	....
pass.:	....	....
Futur akt.[1]:	....	....

[1] Stoff des zweiten Lernjahres

Übersetze:

Gleichzeitiger AcI

Amicus meus se Athenis esse scripsit. — Caesar Haeduos in servitute Germanorum teneri videbat. — Diviciacus dixit fortunam Sequanorum miserrimam esse; Sequanos auxilium a Romanis petere. — Caesar imperium populi Romani in Gallia iustissimum esse dixit. — Caesari nuntiatum est equites Ariovisti in Romanos tela conicere. — Quis nescit Vindobonam pulcherrimam urbem Austriae esse? — Plurimos homines patriam nostram aestate visitare constat. — Lucium eiusque amicos caelo sereno in fluvio navigare scio. — Multos homines fortunis suis contentos non esse scimus.

Vorzeitiger AcI

Puto Lucium sapienter egisse. — Feminas liberosque e flammis servatos esse dicunt. — Magnam multitudinem Germanorum in Galliam venisse legati Caesari nuntiaverunt. — Quis nescit Galliam a Caesare pacatam esse? — Ariovistus neminem secum sine sua pernicie contendisse Caesari respondit. — Diviciacus dixit Ariovistum, regem Germanorum, in finibus Sequanorum consedisse et Sequanos ex agris exturbavisse. — Servianus liberis dicit timorem Carthaginiensium multos annos Romae magnum fuisse, sed bello Punico tertio Carthaginienses virtute Romanorum victos (esse) et urbem eorum vastatam esse. — Rem publicam Romanam multa saecula virtute et prudentia virorum constantium a barbaris defensam esse legimus. — Vergilius Aeneam cum paucis sociis Troia fugisse et in Latium navigavisse narrat.

Nachzeitiger AcI[1]

Achilles vitam suam brevem futuram esse scivit. — Liberi patrem sibi castra monstraturum esse speraverunt. — Ariovistus Caesari respondit se Haeduis obsides redditurum non esse neque iis neque eorum sociis iniuria bellum illaturum esse[2]. — Lucius mihi scripsit se cum parentibus multas urbes Italiae visitaturum esse. — Hannibal puer se semper inimicum Romanorum futurum esse iuravit. — Titus patrem castra sibi ostentaturum esse putavit. — Servianus dixit se hunc montem ascensurum non esse. — Spero amicos me ruri visitaturos esse.

ANGABEN

1 Stoff des zweiten Lernjahres / 2 **infero,** -ferre, -tuli, -latus: hineintragen; **bellum inferre:** den Krieg erklären

Übersetze:

Wer weiß nicht, daß Rom von Romulus gegründet worden ist? — Er sagt, daß Cornelia in Italien ist. — Cäsar erfuhr, daß die Sequaner Ariovist Geiseln gestellt hatten. — Wir haben gelesen, daß Ariovist von Cäsar besiegt worden ist. — Wir wissen, daß Troja von den Griechen zerstört worden ist. — Lucius erzählte uns, daß er krank gewesen sei. — Ich habe gehört, daß Troja von den Griechen belagert worden ist.

Mache folgende Aussagesätze abhängig von Ariovistus respondet *bzw.* Caesari nuntiaverunt *und übersetze:*

1. Ariovistus respondet:
Haedui bello superati sunt. A Sequanis vocatus sum et in eorum finibus consedi. Galli stipendia pendunt. Galliam relinquere in animo non habeo. Gallia enim est pulchrior quam Germania.
2. Caesari nuntiaverunt:
Haedui omnem nobilitatem amiserunt. Germani, homines feri et barbari, in Galliam veniunt. Magna pars Galliae a Germanis occupata est. Itaque Galli a populo Romano auxilium petunt. Nam Germani exercitus Romanos timent.

Mache folgende Aussagesätze von Servianus liberis narrat *abhängig und übersetze:*

Italia iam antiquissimis temporibus gloria belli florebat. Italia est patria virorum strenuorum poetarumque clarorum. Viri strenui Italiam servant; poetae clari gloriam Italiae usque ad Parthos propagaverunt. In Italia Roma sita est. Roma multos populos elementa litterarum docuit. Romae multa aedificia publica et templa pulcherrima aedificata sunt. Roma quotannis a multis viris feminisque visitatur.

Nominativus cum infinitivo

Dionysius beatus esse ← videtur.

Subj.(Nom.) Inf. P.(passiv!)

Dionysius scheint glücklich zu sein. = Dionysius ist scheinbar glücklich.

Liberi beati esse ← videntur.

Subj.(Nom.) Inf. P.(passiv!)

Die Kinder scheinen glücklich zu sein. = Die Kinder sind offensichtlich glücklich.

Aegra esse ← vide*or*.

Nom. Inf. P.(passiv!)

Ich scheine krank zu sein. = Ich bin offensichtlich krank.

videri + Inf.: scheinen

Ceres Proserpinam ubique quaesivisse ← dicitur (= fertur).

Subj.(Nom.) Inf. P.(passiv!)

Ceres soll Proserpina überall gesucht haben. = Man sagt, daß Ceres Proserpina überall gesucht hat.

Omnes captivi necati esse ← dicuntur (= feruntur).

Subj.(Nom.) Inf. P.(passiv!)

Alle Gefangenen sollen getötet worden sein. = Man sagt, daß alle Gefangenen getötet worden sind.

Aeger fuisse ← diceris.

Nom. Inf. P.(passiv!)

Du sollst krank gewesen sein. = Man sagt, daß du krank warst.

dici + Inf.: man sagt, daß . . .; sollen

E

Liberi ludis circensibus interesse ⟵ vetiti sunt.

Subj.(Nom.) *Inf.* *P.(passiv!)*

Es ist den Kindern verboten worden, den Zirkusspielen beizuwohnen.

Milites oppidum virtute defendere ⟵ iubentur.

Subj.(Nom.) *Inf.* *P.(passiv!)*

Den Soldaten wird befohlen, die Stadt mit Tapferkeit zu verteidigen.

NB

Die transitiven Verba „vetare" und „iubere" bilden ein persönliches Passiv. vetor: es wird mir verboten; iubeor: es wird mir befohlen.
vetari + Inf.: verboten werden . . . **zu** . . .
iuberi + Inf.: befohlen werden . . . **zu** . . .

P

Übersetze:

dici

Romulus et Remus ab Amulio expositi esse dicuntur. — Nero Romam incendisse dicitur. — Nos omnes exemplo parentum educari dicimur. — Hector Troiam fortiter defendisse dicitur. — Graeci Troianos nocte oppressisse et necavisse dicuntur. — Aeneas auctor gentis Romanae fuisse dicitur. — Multas terras visitavisse diceris. — Nemo ad initium silvarum pervenisse dicitur. — Mars pater Romuli et Remi fuisse dicitur. — Graeci multos Troianos dormientes necavisse dicuntur. — Aeneas cum filio et patre Troia fugisse dicitur. — Mi Luci, puer diligentissimus et prudens esse diceris. — Aedificia pulcherrima Romae visitavisse dicimini. — Animalia incredibili magnitudine et forma in silvis trans Danuvium sitis vixisse dicuntur.

videri

Nonnumquam homines, qui beati esse videntur, beati non sunt. — Nuntium iam audivisse videris. — Hannibal prudentior fuisse videtur quam alii imperatores. — Iam multa de bello Troiano audivisse videmini. — Lucius iam multa de bello Gallico legisse videtur. — Multi homines pauperiores felicius vivere videntur quam homines divites. — Infelix esse videris. — A multis diligi videmur. — Multos homines adiuvisse videmini.

vetari/iuberi

Caesar exercitum dimittere a senatu iussus est. — Incolae oppidi oppugnati domos nocte relinquere vetiti sunt. — Ministri a rege infantes exponere iussi sunt. — Muros transcendere vetiti sumus. — Liberi spectaculis crudelibus interesse vetiti sunt. — Cornelia de Roma narrare iussa est. — Homines pauperes adiuvare iussa sum. — Domos incendio vastatas intrare vetiti sumus.

Ortsnamen

ohne Präposition!

Romā, Carthagine	Romam, Carthaginem	Romae, Carthagine
woher? unde? ●——→	wohin? quo? ——→●	wo? ubi? ●
Ablativ	Akkusativ	Lokativ[1] Ablativ
von (aus) Rom, von (aus) Carthago	nach Rom, nach Carthago	in Rom, in Carthago

NB

[1] Bei Substantiva der a- und der o-Deklination Sg. steht auf die Frage „wo?" der Lokativ (= Genetiv).

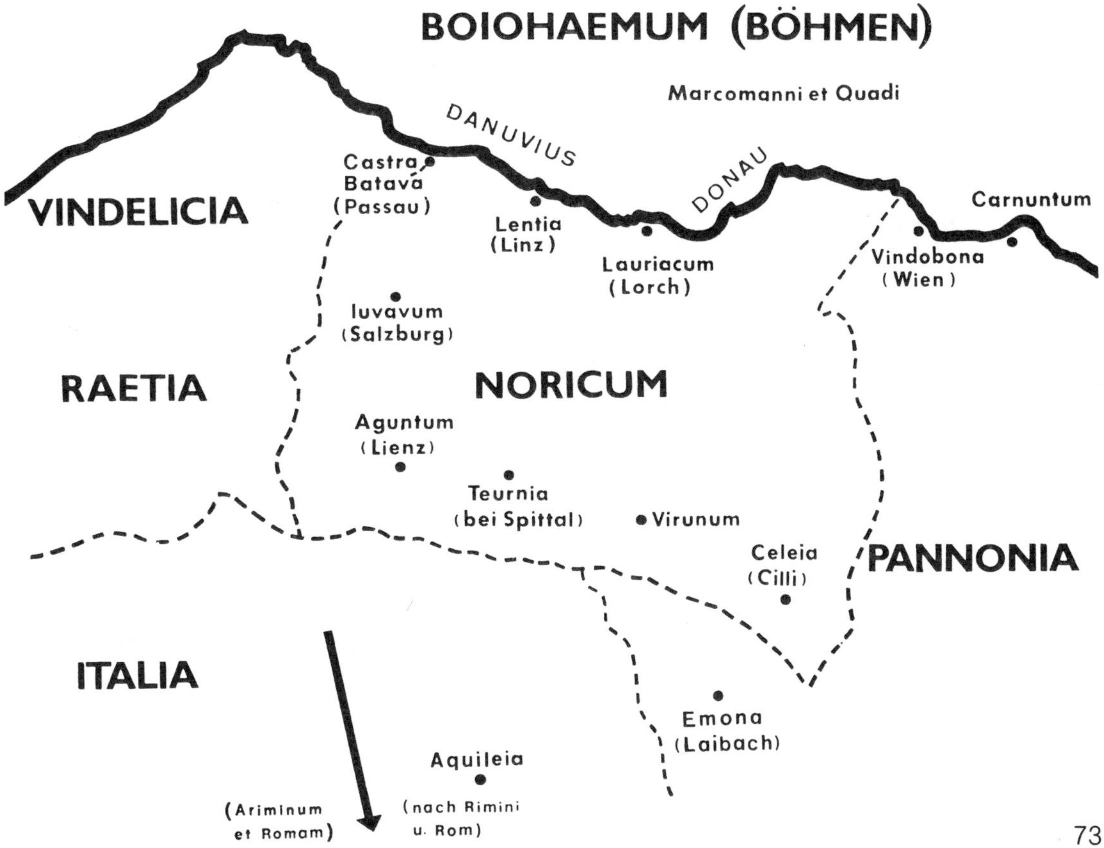

NB Wie die Ortsnamen werden konstruiert: humus, i f.: Boden; rus, ruris n.: Land; domus, us f.: Haus

P

woher?	*Übersetze:*	*wohin?*	*Übersetze:*
humo	....	humum	....
rure	....	rus	....
domo	....	domum / domos	....

wo?	*Übersetze*
humi	....
ruri	....
domi	....

Übersetze:

Lucius Carnunto Vindobonam migrat. Amicus Lucii Vindobonae habitat. Lucium domi exspectat. Amicus Lucio narrat: „Paulo ante Castris Batavis Lentiam, Lentia Lauriacum navigavi. Prope Lauriacum avo meo villa est. Ruri dies iucundos egi[1]. Rure raeda nonnumquam in oppidum migravi. Quam pulchrum erat Lauriaci ambulare et statuas virorum clarorum et templum et domos pulchras spectare!"

ANGABE
1 **egi** (Perf.): ich habe verbracht; *hier:* ich verbrachte

Übersetze:

Die Kinder des Statthalters waren lange in Aguntum. Hierauf reisten sie von Aguntum nach Teurnia, von Teurnia nach Virunum. In Virunum ist der Wohnsitz des Statthalters. Die Kinder aber leben auf dem Land.

Participium coniunctum

NB

Das **Participium coniunctum** dient der **Satzverkürzung.**

Das Partizip Perfekt
dekliniert nach der a- und der o-Deklination,
drückt Vorzeitigkeit aus und
ist passiv.

Das Partizip Präsens
dekliniert nach der konsonantischen Deklination,
drückt Gleichzeitigkeit aus und
ist aktiv.

E

Urbes ab hostibus **deletae** restitutae sunt.

Nom.Pl.f. — *Nom.Pl.f.P.P.P.* ⟶ *vztg.pass.*

(Die Städte, von den Feinden zerstört, wurden wiederaufgebaut.)
Die Städte, die von den Feinden **zerstört worden waren,** wurden wiederaufgebaut.

Caesar **Haeduis** ab Ariovisto **victis** auxilium promisit.

Dat.Pl.m. — *Dat.Pl.m.*

(Cäsar versprach den Häduern, von Ariovist besiegt, Hilfe.)
Cäsar versprach den Häduern, die von Ariovist besiegt worden waren, Hilfe.

Lucius mihi **villam** ab avo **aedificatam** monstravit.

Akk.Sg.f. ⟷ *Akk.Sg.f.*

(Lucius zeigte mir das Landhaus, vom Großvater erbaut.)
Lucius zeigte mir das Landhaus, das vom Großvater erbaut worden war.

Militibus laborantibus succurrunt.

Dat.Pl.m. Dat.Pl.m. Part.Präs. → glztg.akt.

(Sie eilen den Soldaten, in Not seiend, zu Hilfe.)

Sie eilen den Soldaten, die in Not **sind,** zu Hilfe.

Virtus Graecorum Troiam oppugnantium magna erat.

Gen.Pl.m. Gen.Pl.m.

(Die Tapferkeit der Griechen, Troja belagernd, war groß.)
Die Tapferkeit der Griechen, die Troja belagerten, war groß.

1. Worin stimmt das Participium coniunctum mit dem dazugehörigen Substantiv überein?

....

2. Welcher Gliedsatz wurde im Deutschen für das lateinische Participium coniunctum verwendet?

....

Milites fortiter pugnantes superati sunt.

Part.Präs. → glztg.akt.

Obwohl die Soldaten tapfer **kämpften,** wurden sie besiegt. = Trotz tapferen Kampfes wurden die Soldaten besiegt.

Barbari a Romanis victi desperaverunt.

P.P.P. → vztg.pass.

Da die Barbaren von den Römern **besiegt worden waren,** gaben sie die Hoffnung auf. =
= Die Barbaren waren von den Römern besiegt worden und gaben daher die Hoffnung auf.

Captivi capitis damnati crucibus adfixi sunt.

P.P.P. → vztg.pass.

Nachdem die Gefangenen zum Tod **verurteilt worden waren,** wurden sie gekreuzigt.

Mihi interroganti responderunt.

Part.Präs. ⟶ glztg.akt.

Da (Als) ich sie **fragte,** antworteten sie mir. = Sie antworteten auf meine Frage.

Hostes oppresserunt feminas dis deabusque sacrificantes.

Part.Präs ⟶ glztg.akt.

Die Feinde überfielen die Frauen, während sie den Göttern und Göttinnen **opferten.** =
= Die Feinde überfielen die Frauen beim Opfer für die Götter und Göttinnen.

Caesar cum Helvetiis fines suos relinquentibus bellum gessit.

Part. Präs. ⟶ glztg. akt.

Cäsar führte gegen die Helvetier, die ihre Gebiete verließen, Krieg.

Das **Participium coniunctum** wird übersetzt mit
einem **Gliedsatz,**
einem **Präpositionalausdruck** oder
einem **Hauptsatz.**

Zähle auf
die verwendeten unterordnenden Konjunktionen:

....

die verwendeten Präpositionen:

....

die verwendete beiordnende Konjunktion:

....

Unterstreiche das Partizip und das dazugehörige Substantiv und übersetze:

Catilina cupiditate regni impulsus contra rem publicam coniuravit. — Imperium Romanum virtute militum auctum usque ad Parthos pertinuit. — Caesar in Galliam missus et Helvetios et Ariovistum vicit. — Hostes equitatum auxilio venientem oppresserunt. — Graeci Troianos dormientes necaverunt. — Omnes auxilium petentes adiuvit. — Patri interroganti de itinere narravimus. — Aeneas eiusque socii Troiam deletam reliquerunt et in Italiam navigaverunt. — Lucius intrans omnes salutavit. — Constantia militum fortiter pugnantium urbs servata est. — Vita hominum prioribus temporibus viventium pulchra erat, ut mihi videtur. — Urbs decem fere annos a Graecis oppugnata incendio vastata est. — Hostes omnia vastantes vincemus et necabimus. — Urbem viis latis constitutam et pulcherrimis aedificiis ornatam visitavi. — Memores este virorum patriam ab hostibus defendentium! — Nobis petentibus arcem praeclarissimam monstraverunt. — Homines bestiis praedae dati deum laudaverunt. — Homines gladiatores in amphitheatro vincentes celebraverunt. — Iulia pulchritudine Athenarum commota litteras parentibus dedit. — Pedanius et Iulia Delphos petentes de oraculo celebri disputant.

....

....

....

....

....

....

....

....

....

....

....

....

....

....

....

Ablativus absolutus[1]

NB

Der **Ablativus absolutus** dient der **Satzverkürzung.**

Das Partizip Präsens
dekliniert nach der konsonantischen Deklination,
drückt Gleichzeitigkeit aus und
ist aktiv.

Das Partizip Perfekt
dekliniert nach der a- und der o-Deklination,
drückt Vorzeitigkeit aus und
ist passiv.

E

	Liberis	**ludentibus**		mater librum legit.
		Part. Präs. → *akt. glztg.*		
D.:	*Subj.*	*Präd.*		
Während	die Kinder	**spielen,**		liest die Mutter ein Buch.
			ODER	
Während	die Kinder	**spielten,**		las die Mutter ein Buch.

[1] Der Abl. abs. ist im Realgymnasium Stoff des ersten Lernjahres, im Gymnasium Stoff des zweiten Lernjahres.

Troia incensa — Graeci domos navigaverunt.

Part. Perf. → pass. vztg.

D.: *Subj.* *Präd.*

Nachdem Troja **in Brand gesteckt worden war,** fuhren die Griechen nach Hause.

Troianis dormientibus — Graeci ex equo desiluerunt.

Part. Präs. → akt. glztg.

Als die Trojaner **schliefen,** sprangen die Griechen aus dem Pferd.

Urbe oppugnata — cives non desperaverunt.

Part. Perf. → pass. vztg.

Obwohl die Stadt **belagert worden war,** gaben die Bürger die Hoffnung nicht auf. =

Trotz Belagerung der Stadt gaben die Bürger die Hoffnung nicht auf.

Oratione habita — Caesar consilium dimisit.

Part. Perf. → pass. vztg.

Nachdem eine Rede **gehalten worden war,** entließ Cäsar die Ratsversammlung.

Nach der Rede entließ Cäsar die Ratsversammlung.

Nachdem Cäsar eine Rede gehalten hatte, entließ er die Ratsversammlung.

Romani hostes obsidibus, armis, perfugis traditis in deditionem acceperunt.

Die Römer nahmen die Unterwerfung der Feinde an, da (nachdem) Geiseln, Waffen und Überläufer ihnen **übergeben worden waren.** = Die Römer nahmen die Unterwerfung der Feinde aufgrund der Übergabe (nach Übergabe) von Geiseln, Waffen und Überläufern an. = Die Römer nahmen die Unterwerfung der Feinde an, da (nachdem) sie ihnen Geiseln, Waffen und Überläufer übergeben hatten.

Catilina magnis copiis coactis Romam incendere et delere studuit.

Nachdem große Truppen **zusammengezogen worden waren,** versuchte Catilina, Rom in Brand zu stecken und zu zerstören.
= Nachdem Catilina große Truppen zusammengezogen hatte, versuchte er, Rom in Brand zu stecken und zu zerstören.

Homines terrae motu territi erant. Aliis in agros fugientibus, aliis in areis domorum considentibus voces hominum suos vocantium audiebantur.

Die Menschen waren durch das Erdbeben erschreckt worden. Während die einen ins Freie **flüchteten** und sich die anderen in den Höfen der Häuser **niederließen**, hörte man die Stimmen der Menschen, die nach den Ihren **riefen**.

Der Ablativus absolutus
hatte **ursprünglich** die Bedeutung eines **Ablativs der Zeit** oder eines **instrumentalen Ablativs.** Später verband sich das Partizip auch mit einem Ablativ, der, von der Konstruktion des Satzes **losgelöst**, nicht mehr als Satzglied anzusprechen ist.
Für die **Übersetzung ins Deutsche** bieten sich dieselben Möglichkeiten an wie beim Participium coniunctum mit Ausnahme des Relativsatzes:
als **Gliedsatz** (*unterordnend*),
als **Präpositionalausdruck** und
als **Hauptsatz** (*beiordnend*).

NB

Statt eines Partizips Präsens kann beim Ablativ gelegentlich ein Adjektiv oder ein Substantiv als Prädikativum stehen.

Cicerone consule: unter dem Konsulat des Cicero

me invito: gegen meinen Willen

parentibus vivis: solange die Eltern leb(t)en

Caesare duce: unter der Führung Cäsars

nobis insciis: ohne unser Wissen, ohne daß wir es wußten

P

1. Verwandle die fettgedruckten Gliedsätze in Ablativi absoluti und übersetze:

Quamquam Troiani acriter pugnaverunt, multae feminae in servitutem redactae (sunt) et multi homines caesi sunt. — **Cum mater Plinii nubem inusitata**[1] **magnitudine apparere nuntiaret,** avunculus Plinii navem ascendit et illuc properavit, unde alii fugerunt. — **Postquam Helvetii victi sunt,** legati totius Galliae ad Caesarem, ut gratularentur[2], venerunt. — **Dum avunculus Plinii cursum Stabias tenet,** e Vesuvio latissimae flammae relucebant[3]. — **Ubi navis parata est,** Pedanius et Iulia puppim a litore solverunt. — **Postquam navis appulsa est,** Pedanius eiusque coniunx a Philotimo salutantur. — Pedanius et Iulia, **dum Lucius cum parentibus in Siciliam migrat,** amicos in Latio visitant. — **Dum Graeci Troiam oppugnant,** nemo atrocius Hectore contendit.

ANGABEN

1 **inusitatus** 3: ungewöhnlich / 2 **ut gratularentur**: damit sie ihn beglückwünschten; um ihn zu beglückwünschen / 3 **relucere**: leuchten

2. Übersetze:

Graecis multos incolas Troiae necantibus Aeneas ex urbe cum patre et filio fugit. — Romani regibus expulsis consules creabant. — Caesar Helvetiis et Ariovisto victis exercitum in hiberna duxit. — Superioribus locis occupatis hostes proelium non commiserunt. — Micipsa Iugurtham patre amisso sine spe, sine opibus in regnum suum accepit. — Roma ardente Nero excidium Troiae cecinisse dicitur. — Plurimis navibus comparatis Agamemno dux Graecorum lectus est. — Igne aedificia urbis incredibili celeritate comprehendente multi homines servati non sunt. — Amulius fratre regno deturbato Ream Silviam Vestalem legit. — Geminis expositis Tiberinus aquas repressit, aquis repressis Faustulus infantes apud arborem videns servavit. — Roma vastata homines dis deabusque sacrificaverunt. — Igne itinera incredibili celeritate percurrente homines manus ad deos tollunt et suos suaque servare student. — Hostibus victis imperator triumphum egit.

Doppelter Akkusativ und doppelter Nominativ

Einige Verba verbinden sich mit einem Objekts- und einem Prädikatsakkusativ; im Passiv wird aus dem doppelten Akkusativ ein doppelter Nominativ.
appellare, nominare: nennen
putare, existimare, habere: halten für
creare, deligere: wählen zu, erwählen

Aktiv:

Romani provinciam ad Danuvium sitam Noricum appellant.

O_4 (provinciam) — *Prädikatsakk.* (Noricum)

Die Römer nennen die Provinz an der Donau (gelegen) Norikum.

Passiv:

Provincia ad Danuvium sita a Romanis Noricum appellatur.

Subj.(Nom.) (Provincia) — *Prädikatsnomen (Nom.)* (Noricum)

Die Provinz an der Donau (gelegen) wird von den Römern Norikum genannt.

Aktiv:

Romani Ciceronem optimum oratorem putaverunt.

O_4 (Ciceronem) — *Prädikatsakkusativ* (optimum oratorem)

Die Römer hielten Cicero für den besten Redner.

Passiv:

Cicero a Romanis **optimus orator** putatus est.

Subj.(Nom.) — *Prädikatsnomen (Nom.)*

Cicero wurde von den Römern **für den besten Redner** gehalten.

Aktiv:

Graeci Troiam navigantes **Agamemnonem ducem** delegerunt.

O_4 — *Prädikatsakkusativ*

Die Griechen, die nach Troja fuhren, wählten **Agamemnon zu ihrem Feldherrn.**

Passiv:

Agamemno a Graecis Troiam navigantibus **dux** delectus est.

Subj.(Nom.) — *Prädikatsnomen (Nom.)*

Agamemnon wurde von den Griechen, die nach Troja fuhren, **zum Feldherrn** gewählt.

Übersetze und verwandle ins Passiv:

Amulius Ream Silviam Vestalem legit *(Perf.)*. — Romani Caesarem summum imperatorem habuerunt. — Liberi incolas Norici barbaros putant. — Populus Romanus castra ad Danuvium sita firmissima praesidia contra Marcomannos et Quados existimavit. — Romani Aeneam auctorem gentis putaverunt. — Romani alios populos barbaros putaverunt. — Romani Graeciam subactam Achaiam appellaverunt. — Antiquis temporibus populus Romanus optimos viros imperatores creavit. — Ciceronem optimum oratorem aetatis suae putamus. — Seneca servos quoque homines amicosque habuit. — Incolae Siciliae Ciceronem advocatum[1] delegerunt. — Celtae Carnuntum domicilium delegerunt.

ANGABE

1 **advocatus,** i: Anwalt

Das Erschließen der Funktion bzw. der Bedeutung eines Wortes aus dem Kontext

Viele Wörter und Formen erhalten ihre Bedeutung erst im Kontext (= Satzzusammenhang). Beim Übersetzen muß daher immer auf den Inhalt geachtet werden.

Welcher Fall?

CUIUS? WESSEN?

Incolae **provinciae** ab hostibus in servitutem redacti sunt.

Die Bewohner **der Provinz** wurden von den Feinden versklavt.

CUI? WEM?

Danuvius **provinciae** praesidio est.

(Die Donau ist der Provinz zum Schutz.)
Die Donau ist **für die Provinz** ein Schutz.

QUIS? WER?

Provinciae a legatis Caesaris administratae sunt.

Die Provinzen wurden von den kaiserlichen Statthaltern verwaltet.

Bestimme den Fall von magistratus *und übersetze:*

Magistratus Romani a populo lecti sunt.

Fall ....

....

Magistratus multos pauperes adiuvit.

Fall ....

....

Quis diligentiam magistratus ignorat?

Fall ....

....

Illos magistratus bonos magni aestimamus.

Fall ....

....

Magistratus, nos adiuvate!

Fall ....

....

Magistratus laudamus.

Fall ....

....

Bestimme den Fall von poetae *und übersetze:*

Liberi poetae de libris patris narrant.

Fall ....

....

Poetae Romani nobis ignoti non sunt.

Fall ....

....

Poetae, gloriam Romae celebrate!

Fall ....

....

Poetae villa rustica est.

Fall ....

....

Libros illius poetae legi.

Fall ....

....

Welche Funktion?

Quod oppidum a Romanis expugnatum est?

Interrogativpronomen Nom.Sg.n.

Welche Stadt wurde von den Römern erobert?

Quod oppidum Romani expugnaverunt?

Interrogativpronomen Akk.Sg.n.

Welche Stadt eroberten die Römer?

Oppidum, quod a Romanis expugnatum est, in colle situm est.

Relativpronomen Nom.Sg.n. (Relativsatz)

Die Stadt, die von den Römern erobert wurde, liegt auf einem Hügel.

Oppidum, quod Romani expugnaverunt, in colle situm est.

Relativpronomen Akk.Sg.n. (Relativsatz)

Die Stadt, die die Römer eroberten, liegt auf einem Hügel.

Oppidum in colle situm est; quod (oppidum) a Romanis magna vi expugnatum est.

Relativpronomen Nom.Sg.n.
(relativer Anschluß)

Die Stadt liegt auf einem Hügel; diese (Stadt) wurde von den Römern nur mit großer Anstrengung erobert.

Oppidum in colle situm est; quod Romani magna vi expugnaverunt.

Relativpronomen Akk.Sg.n.
(relativer Anschluß)

Die Stadt liegt auf einem Hügel; die Römer eroberten diese nur mit großer Anstrengung.

Gaudeo, **quod** mihi scripsistis.

Verbum des Affekts

Konjunktion: daß (nach Verba des Affekts)

Ich freue mich, **daß** ihr mir geschrieben habt.

Haedui a Caesare auxilium petunt, **quod** a Germanis pulsi omnem

Konjunktion: da, weil

nobilitatem amiserunt et obsides dare coacti sunt.

Die Häduer bitten Cäsar um Hilfe, **weil** sie von den Germanen geschlagen wurden, die gesamte Nobilität verloren haben und gezwungen wurden, Geiseln zu stellen.

Quod me Lucio invidere putas, erras.

faktisches (greift früher Erwähntes auf)

Was das betrifft, daß du glaubst, daß ich Lucius beneide, irrst du.

Welche Funktion? Übersetze:

Quam urbem Romulus condidit? ....

....

Quis atrocius pugnavit **quam** Hector? ....

....  quam nach .... ⟶ ....

Quam celerrime Romam venite! ....

 quam + ... ⟶ ....

Quam diu Romae fuistis? ....

 quam + ... ⟶ ....

Puella, **quam** in horto vides, amica mea est. ....

 ....

....

Iulia filia Serviani est; **quam** aestate visitabimus. ....

 ....

....

Tam beati, quam iste est, non sumus. ....

....

Welche Bedeutung?

Miltiades id non magis imperio quam iustitia consecutus est[1].

Miltiades hat das nicht mehr kraft seines Amtes (seiner Amtsgewalt) erreicht als aufgrund seiner Gerechtigkeit.

Imperium navium legato ademerunt.

Sie entzogen dem Unterfeldherrn das Kommando über die Schiffe.

De imperio in Italia certant.

Sie kämpfen in Italien um die Herrschaft.

Imperium Romanum a Britannis usque ad Parthos pertinuit.

Das Römische Reich reichte von den Britannen bis zu den Parthern.

Carcer in istius imperio domicilium civium fuit.

Während seiner Amtsperiode war der Kerker der Aufenthaltsort der Bürger.

Eius imperia immodica sunt.

Seine Befehle sind maßlos.

Saguntinis mediis inter imperia duorum populorum libertas servata est.

Den Bewohnern von Sagunt, in der Mitte zwischen den Herrschaftsbereichen zweier Völker, wurde die Freiheit bewahrt.

ANGABE
1 **consecutus est** (Deponens): er hat erreicht

NB

imperium, i n.:	Befehl, Vorschrift Herrschaft Reich, Herrschaftsbereich Amt, Amtsgewalt, Amtsperiode (militärisches) Kommando, Oberbefehl

Wie übersetze ich einen lateinischen Satz richtig ins Deutsche?

Zeichenerklärung:

	zusammengehöriger Wortblock
	Sperrung
kursiv	***Prädikat im Hauptsatz***
kursiv (umrahmt)	Prädikat im Gliedsatz
RA	Relativer Anschluß
(leerer Rahmen)	Einleitung eines Gliedsatzes
	Participium coniunctum
Subj.	Subjekt des Hauptsatzes oder des ganzen Satzgefüges

E

De Aenea

Aeneas, quem Romani auctorem gentis *putaverunt*, cum paucis sociis e flammis Troiae ardentis auxilio Veneris servatus post longos errores in Italiam ***pervenit.***

Äneas

Äneas, den die Römer für den Stammvater ihres Geschlechts hielten, wurde mit wenigen Gefährten aus den Flammen des brennenden Troja mit Hilfe der Venus gerettet und gelangte nach langen Irrfahrten nach Italien.

De fide servorum

Servi Plotii exemplum summae in dominum fidei ***praebent.*** Qui postquam
Subj. *Subj./RA*

ab inimicis agitatus in oppidum parvulum et ignobile pervenit, a servis suis ***protegebatur.*** Qui domum, ubi Plotius *habitavit*, diligenter ***custodiverunt.*** Aliquando
Subj./RA

nonnulli milites domum intrantes servos ***interrogaverunt:*** „Ubi dominus vester
Subj. *Subj.*

est?" Ex his unus ***respondit: „Nescimus,*** multos dies nihil de eo ***audivimus."*** Milites irati
Subj.

in servos ***saeviunt;*** servi verberati latebras domini non ***produnt.*** Tum
Subj.

Plotius, qui omnia *audiverat*, misericordia commotus militibus se ***dedit*** dicens: „Potius me ipsum ***interficite*** quam meos servos fidissimos!"

Die Treue der Sklaven

Die Sklaven des Plotius geben ein Beispiel der höchsten Treue gegenüber dem Herrn. Nachdem dieser, von seinen Feinden verfolgt, in eine ganz kleine, unbedeutende Stadt gekommen war, wurde er von den Sklaven beschützt. Diese bewachten das Haus, in dem (wo) Plotius wohnte, gewissenhaft. Einmal betraten einige Soldaten das Haus und fragten die Sklaven: „Wo ist euer Herr?" Einer von ihnen antwortete: „Wir wissen es nicht, wir haben schon viele Tage nichts von ihm gehört." Die Soldaten wüten erzürnt gegen die Sklaven. Die Sklaven verraten trotz Schlägen das Versteck des Herrn nicht. Da ergibt sich Plotius, der alles gehört hat(te), aus Mitleid und sagt: „Tötet eher mich selbst als meine sehr treuen Sklaven!"

NB

TEXTANALYSE

1. Unterscheide Haupt- und Gliedsatz bzw. Gliedsätze! Kennzeichne die unterordnende Konjunktion des Gliedsatzes mit ▭ !
2. Kennzeichne das Prädikat des Haupt- bzw. des Gliedsatzes! Unterstreiche das Prädikat des Hauptsatzes in Farbe, und kennzeichne das Prädikat des Gliedsatzes mit ▭ !
3. Bezeichne das Subjekt des Hauptsatzes bzw. des gesamten Satzgefüges mit *Subj.!*
4. Suche zusammengehörige Wortblöcke ⏟ , und markiere eine Sperrung mit einem Pfeil (← oder →)!
5. Kennzeichne das Participium coniunctum und das dazugehörige Substantiv mit folgendem Signet: ▭
6. Bezeichne einen relativen Anschluß mit *RA!*
7. Setze einen AcI zwischen Klammern [ ], und bestimme Subjektsakkusativ *(Akk.)* und Infinitiv *(Inf.)!*

Analysiere folgenden Text und übersetze:

Troiani equum ligneum in litore videntes portas aperuerunt et urbem reliquerunt. Graecos equum Minervae devovisse et domos navigavisse putaverunt. Equum intra moenia trahere constituerunt. Laocoon, sacerdos Neptuni, accurrens clamavit: „Graeci in patriam non navigaverunt; credite mihi! Nonne Ulixem novistis? Haec est machina, quam Graeci contra moenia nostra aedificaverunt, in quam fortissimi milites se abdiderunt." Tamen Troiani equum in urbem traxerunt; e ventre equi Graeci media nocte descenderunt sociisque, qui Tenedum navigaverant, portas aperuerunt. Graeci postquam socii Tenedo venerunt, Troianos dormientes oppresserunt vel necaverunt et domos incenderunt. Sic Troia deleta est.

2. Teil
Übersetzungsübungen und Tests

Achtung! Achtung! Achtung!

In diesem Buch werden Übersetzungsübungen zu den einzelnen Elementarbüchern („Imperium Romanum A" und „Imperium Romanum B" sowie „Liber Latinus A" und „Liber Latinus B") angeboten.
Die römische Zahl nach dem Symbol für den Buchtitel (z. B. Imp. Rom. V) bedeutet, daß du nach Abschluß des 5. Kapitels von „Imperium Romanum A und B" imstande sein müßtest, diesen Text zu übersetzen.
Vokabel, die du nicht kennst, schlage im alphabetischen Vokabular nach! In dieses Vokabular wurden alle lateinischen bzw. deutschen Wörter aufgenommen, die in „Latein positiv! 1. Lernjahr" verwendet werden.
Eigennamen sind im Eigennamenverzeichnis erklärt. Für das Textverständnis ist die richtige Deutung eines Eigennamens unerläßlich!
Wenn du bei der Übersetzung eines Textes Schwierigkeiten hast, dann bestimme die Satzglieder und unterscheide Haupt- und Gliedsätze, wie du es im Grammatikteil p. 94/95 vorfindest.
Im beiliegenden Lösungsheft findest du die Übersetzungen der Texte.
Bevor du einen Test ausarbeitest, wiederhole den angegebenen Stoff! Bei der Ausarbeitung eines Tests darfst du keine Hilfsmittel (Lehrbuch, Grammatik, Vokabular etc.) verwenden.
Beachte genau die vorgeschriebene Arbeitszeit!
Aus den am rechten Seitenrand angegebenen Zahlen ist die Punktewertung ersichtlich. Für jeden Fehler (Fall-, Zeit- oder Vokabelfehler, Auslassung eines Wortes etc.) ziehe einen Punkt ab!
Erreichst du die Hälfte der möglichen Punktezahl, so ist dein Wissen zwar sehr lückenhaft, dürfte aber für eine positive Note noch ausreichen. Erreichst du nicht einmal die Hälfte der Punkte, so ist dein Wissen für eine positive Leistung nicht ausreichend.
Hast du ein negatives Ergebnis erzielt, dann solltest du den Grammatikstoff und die Vokabel und im Anschluß daran auch den Test wiederholen. Die Ausarbeitung der Tests findest du im beiliegenden Lösungsheft. Die Tests helfen dir, dein Wissen selbständig zu überprüfen; ferner zeigen sie dir, ob du rasch über dein Wissen verfügst und dein Arbeitstempo den Anforderungen bei Schularbeiten und Prüfungen entspricht.
Nun Kopf hoch: Mit etwas Fleiß geht es sehr gut!

Imperium Romanum A und Imperium Romanum B: Übersetzungsübungen

IMP. ROM. IV

De Italia

Italia terra fecunda[1] pulchraque est. Italia est patria virorum optimorum poetarumque multorum. Viri optimi Italiam auxilio deorum servaverunt; poetae gloriam Italiae usque ad extremas terras propagaverunt.
Romani populos multa saecula prudentia regebant[2] et elementa litterarum docebant. Industria agricolarum nautarumque incolis Italiae divitias parabat. Roma non solum factis[3] virorum, sed etiam multis aedificiis templisque pulchris clara[4] est. — Quam pulchrum est cum amicis nostris cuncta aedificia Romae visitare!

ANGABEN
1 **fecundus,** a, um: fruchtbar / 2 **regebant:** sie lenkten, regierten / 3 **factum,** i: Tat / 4 **clarus,** a, um: berühmt

IMP. ROM. V

Quintus Titum salutat.
Si tu vales, bene est, nos valemus. Litteris tuis respondere iam diu in animo habebam. Mihi gaudio est, quod tu, Tite, vales et Roma tibi valde placet. Cum Iulia apud Flavium prope Celeiam[1] sum. Villa Flavii ad fluvium sita est. Cui nostrum vita rustica ignota est? Agricolas liberos in agris magno studio laborare[2] videmus, cum ambulamus aut in fluvio navigamus. Post cenam Flavius nobiscum in horto sedet et de aliis terris nobis narrat. Te valde desidero. Vale!

ANGABEN
1 **Celeia,** ae: Celeia (*heute:* Cilli) / 2 **laborare:** arbeiten

IMP. ROM. VI

Titus Lucium salutat.

Si tu vales, bene est, ego valeo. Cum avo meo raeda Cremona Ariminum, Arimino Romam migravi. Romae apud amicos familiae nostrae sumus. Amici nobis iam templa praeclara aedificiaque publica monstraverunt. Templum in Capitolio situm mihi valde placet; vita Romae nos delectat. Tui memor eram, dum in foro Romano ambulamus. Magnificentia[1] curiae, basilicarum, templorum aliorumque aedificiorum obstupefactus[2] eram. Et tu, Luci, quid agitavisti? Litteras tuas exspecto. Vale!

ANGABEN

1 **magnificentia,** ae: Pracht / 2 **obstupefactus** 3: überwältigt

Lucius Titum salutat.

Mihi gaudio est, quod tu, Tite, vales et Roma tibi valde placet. Cum Marco in praedio nostro fui. Cui nostrum vita rustica ignota est? Industriam agricolarum magni aestimo. A pueritia duritiae[1] student; prima hora evigilant; magno studio usque ad cenam in agris suis laborant[2], dum ambulamus aut in fluvio navigamus. — Post cenam Marcus mecum in horto sedet et de aliis terris mihi narrat; nam Athenis, Romae, Lugduni Massiliaeque iam fuit. Te valde desidero! Vale!

ANGABEN

1 **duritiae** (Dat.) **studere:** nach Abhärtung streben / 2 **laborare:** arbeiten

IMP. ROM. VIII

De imperio Romano

Imperium populi Romani magnum erat. A Britannia usque ad regnum Parthorum pertinebat. Parthi Romanis inimici et periculosi erant; Romani cum Parthis multis proeliis[1] pugnabant[2]. Ita Parthi diu ab Italia et provinciis Romanis prohibebantur. Danuvius et Rhenus, fluvii maximi, imperium Romanum terminabant[3]. Terra trans Danuvium et Rhenum sita Germania appellabatur. Germani quoque populo Romano inimici erant. Itaque Romani multa castra ad Danuvium collocabant. Provinciae ad Danuvium sitae Pannonia et Noricum nominabantur. Pannonii et Norici in vicis et casis habitabant. Legati Romani provincias administrabant.

ANGABEN

1 **proelium,** i: Schlacht / 2 **pugnare:** kämpfen / 3 **terminare:** begrenzen

IMP. ROM. IX

De Androclo et leone

In Circo Maximo venationes populo dabatur. Multae bestiae incredibili magnitudine aut forma videbantur. Magnitudo unius[1] leonis omnibus admirabilis videbatur; animos omnium hominum in se converterat[2]. Servus, cui nomen Androclus fuit, in arenam ductus est. Ubi leo Androclum vidit, ad hominem accedit[3], sed Androclum non necat. Androclus magno periculo liberatus leonem spectat, paulatim eum[4] recognoscit[5] et summo gaudio salutat. Homines magna voce conclamaverunt; Caesar Androclum ad se vocavit et interrogavit: „Quare leo te unum[1] non necavit?" Androclus interrogatus fabulam admirabilem narravit: „Dominus meus, qui proconsul[6] Africae fuit, me omni die[7] verberibus[8] coercuit; itaque fugi[9] et in speluncam[10] me abdidi[11]. Speluncam[10], in quam me abdideram[11], paulo post leo intravit. Leo postquam intravit et me vidit, mihi pedem[12] vulneratum[13] monstravit. Stipitem[14] magnum removi[15] atque

sanguinem detersi[16]. Deinde leo quievit[17]. Paucos annos ego et leo in spelunca[10] fuimus. Partes optimas bestiarum, quas necavit, ad me portavit. Partes bestiarum sole[18] torrebam[19] et edebam[20]. Postquam speluncam[10] reliqui[21], a militibus[22] visus comprehensus sum et ad dominum ex Africa Romam ductus sum, qui me bestiis praedae dedit. Leo quoque comprehensus est, ut videtur, et gratias mihi nunc egit." Androclus, cui leo datus est, poena solutus est[23].

ANGABEN

1 **unus** 3 (Gen.: **unius**): ein / 2 **converto,** ere, -verti, -versus: wenden; **in se convertere:** auf sich wenden / 3 **accedo,** ere: hingehen / 4 **eum** (Personalpronomen): ihn / 5 **recognosco,** ere: wiedererkennen / 6 **proconsul,** ulis: Prokonsul (Statthalter) / 7 **dies** (Abl. Sg.: **die**): Tag / 8 **verbera,** um n.Pl.: Schläge, Hiebe / 9 **fugi:** ich bin geflüchtet, ich flüchtete / 10 **spelunca,** ae: Höhle / 11 **abdo,** ere, -didi, -ditus: verstecken / 12 **pes,** pedis m.: Fuß, Pfote / 13 **vulnerare:** verwunden / 14 **stipes,** itis m.: Splitter / 15 **removeo,** ere, -movi, -motus: entfernen / 16 **detergeo,** ere, -tersi, -tersus: abwischen / 17 **quiesco,** ere, quievi, quietus: ruhen / 18 **sol,** solis m.: Sonne / 19 **torreo,** ere: braten / 20 **edo,** ere: essen / 21 **relinquo,** ere, -liqui, -lictus: verlassen / 22 **miles,** itis m.: Soldat / 23 **poena** (Abl.) **solutus sum:** (ich wurde von der Strafe befreit) ich entging der Strafe

IMP. ROM. X

De Roma

Urbs Roma clarior erat quam ceterae urbes Italiae. Populus Romanus multa saecula fortissimus omnium populorum erat: nulla[1] alia urbs incolas fortiores[2] prudentioresque[3] habebat quam Roma, nullus[1] populus crudeliora bella gerebat quam Romani. Prioribus temporibus quidem nonnullae gentes Italiae plus valebant quam Romani; sed populus Romanus ceteras gentes bellis crudelissimis superavit. Romae aedes humillimae, viae angustissimae, sed aedificia publica maiora pulchrioraque quam privata erant. In monte Capitolino templum omnium celeberrimum videbatur, quod Iovi Optimo Maximo dedicatum[4] erat. Urbs diu multo minor quam Athenae et Alexandria erat, sed Augusti temporibus Roma urbs longe celeberrima putabatur. Augustus enim caput orbis terrarum viis latissimis, hortis pulcherrimis, aedibus maximis, templis magnificis ornavit.

ANGABEN

1 **nullus** 3: kein / 2 **fortis,** e: tapfer / 3 **prudens,** entis: klug / 4 **dedicare:** weihen

De triumpho Titi

Servianus carissimo filio s(alutem) d(icit).

Litterae tuae, quibus statim respondeo, mihi summo gaudio fuerunt. Tu, mi fili, desideras doceri de triumpho, quem Titus cum Vespasiano de Iudaeis egit. Triumphum pulcherrimum

spectavi: magistratus Romanos, captivos miserrimos, cornua aurata[1] boum[2]. Magistratus et senatus Titum exercitumque salutaverunt. Populus diis deabusque sacrificabat et statuas deorum adorabat. Apportata sunt spolia[3], simulacra[4] fluviorum oppidorumque, arma. Ante currum Titi captivi in catenis[5] ducti sunt, quorum fortuna miserrima fuit. Post currum legati et tribuni, qui exercitui praeerant, et milites videbantur. Vale!

ANGABEN

1 **auratus** 3: vergoldet / 2 **bos,** bovis m.: Rind (Gen. Pl.: **boum**) / 3 **spolia,** orum n. Pl.: Beute / 4 **simulacrum,** i: Bild / 5 **in catenis:** in Ketten

IMP. ROM. XII

De Hannibale

Hannibal ad milites: „Ferae gentes Pyrenaei saltus[1] a nobis superatae sunt. In conspectu[2] nostro Alpes sunt. Hos montes transcendemus[3] et Italiam, terram hostium, occupabimus. In proeliis[4] vobis praeero, una vobiscum hostes vincam. Incolae illius terrae a nobis vincentur, amici nostri erunt, nos adiuvabunt. Romam quoque sine omni periculo occupabitis. Credite mihi: domini Romanorum eritis."

ANGABEN

1 **Pyrenaeus saltus:** Pyrenäen / 2 **conspectus,** us m.: Blick / 3 **transcendo,** ere: überqueren / 4 **proelium,** i: Schlacht

De Romulo et Remo

Romulus et Remus ab Amulio expositi auxilio consilioque deorum servati esse dicuntur. Lupa infantibus ubera praebuisse dicitur. Deinde Faustulus, pastor regius, geminos ad Tiberim vidisse et ad uxorem suam portavisse dicitur. Summo amore a pastore eiusque uxore educati esse videntur. Gemini ubi e pueris excesserunt, urbem condiderunt. Romulus fratrem, qui moenia transsultavisse[1] dicitur, necavit et multos annos Romae regnavit. Denique in caelum ascendisse[2] dicitur.

ANGABEN

1 **transsultare:** überspringen / 2 **ascendo,** ere, ascendi: aufsteigen

IMP. ROM. XIII

Übersetze und beantworte in lateinischer Sprache:

.... pugnant ....

Nonne milites fortiter pugnant?

Ü.: ....

....

Nonne lupa infantibus ubera praebuit?

Ü.: ....

....

Num templum deletum est?

Ü.: ....

....

Utrum liberi Athenis an Romae sunt?

Ü.: ....

 ....

Nonne liberi in horto ludunt?

Ü.: ....

 ....

Navesne Aeneae ventis fluctibusque iactantur?

Ü.: ....

 ....

Nonne Nero excidium Troiae cecinit?

Ü.: ....

 ....

Num porta aperta est?

Ü.: ....

De Aenea

Troiani Siciliam vix reliquerant, cum naves eorum ventis in Libyam depulsae[1] sunt. Dido regina[2] Carthaginis erat. Aeneas eiusque socii ab ea auxilium petiverunt.

Aeneas: „Troiani miseri ventis per omnia maria vecti te oramus[3]: prohibe ignes a navibus nostris, adiuva pium genus, res nostras specta!“

Dido: „Vos familiariter saluto. Viros Troianos eorumque virtutes non ignoro. Nate dea, dic mihi dolum Graecorum miseriasque tuorum erroresque tuos!“

Aeneas: „Ińfandúm[4], regína[2], iubés renováre[5] dolórem[6]; tamen incipiam[7].“

Tum Aeneas de erroribus suis, de sociis eorumque miseriis, de uxore eiusque fato[8], de Ascanio, filio suo, multa narravit.

ANGABEN

1 **depello,** ere, -puli, -pulsus: verschlagen / 2 **regina,** ae: Königin / 3 **orare:** bitten / 4 **infandus** 3: unaussprechlich / 5 **renovare:** erneuern / 6 **dolor,** oris m.: Schmerz / 7 **incipiam:** ich will beginnen / 8 **fatum,** i: Schicksal

IMP. ROM. XV

Einleitung: Lucius wohnte lange Zeit bei Aristodemus in Athen, um die griechische Sprache und Literatur zu studieren. Einige Tage nach seiner Rückkehr nach Rom richtet er folgenden Brief an seinen Freund.

Lucius Aristodemo salutem dicit.

Navis nos feliciter Athenis Brundisium transportavit. Via Appia paucis diebus post Romam advenimus. Omnes meos valere cognovi. Mater me summa laetitia accepit, pater me ridens interrogavit: „Utrum adulescens Romanus an Graeculus[1] domum venis?“ Tibi narravi patrem meum virum veteris Romanae severitatis[2] esse et cultum ac humanitatem Graecam parvi aestimare[3]; tamen scit Romanos hodie non iam ita vivere posse[4], ut Romuli temporibus vixerunt. Amici me familiariter acceperunt. Ante paucos dies soror mea L. Cornelio, adulescenti genere nobili nato atque claro, nupsit. Nuptiae sororis meae vetere more celebratae sunt, quod pater meus putat omnes mores antiquos observari oportere[5], si homines bene feliciterque vivere cupiant[6]. Ante diem nuptialem vestem puellarem[7] cum pilis[8] et pupis[9] more antiquo Laribus consecravit[10]. Die nuptiali sponsum eiusque familiam exspectavit. Deinde amici postquam ovem sacrificaverunt, nuntiaverunt auspicia[11] esse bona. Post iunctionem dextrarum[12] soror eiusque sponsus deos adorantes ad aram et ture supplicaverunt[13]. Deinde plures horas cenatum est. Longum est enumerare cibos, quibus delectati sumus. Post cenam nuptialem soror mea in domum mariti deducta est. Sponsus pueris postulantibus nuces[14] sparsit, quod bonum auspicium[11] esse putatur. Ubi domum mariti floribus ornatam advenerunt, duo comites sororem meam super limen sustulerunt et amici domos discesserunt.

ANGABEN

1 **Graeculus,** i: kleiner Grieche / 2 **severitas,** atis f.: Strenge / 3 **parvi aestimare:** geringschätzen / 4 **posse** (Inf. Präs.): können / 5 **oportet** (+ AcI): müssen / 6 **cupiant** (Konj. Präs.): sie wollen / 7 **vestis puellaris:** Mädchenkleid / 8 **pila,** ae: Ball / 9 **pupa,** ae: Puppe / 10 **consecrare:** weihen / 11 **auspicium,** i: Vorzeichen / 12 **iunctio dextrarum:** das Ineinanderlegen der Hände / 13 **ture supplicare:** ein Weihrauchopfer darbringen / 14 **nux,** nucis f.: Nuß

Imperium Romanum A und Imperium Romanum B: Tests

Stoffgebiet: Kap. I—V
Arbeitszeit: RG: 40 Minuten; G: 55 Minuten
Punktezahl: RG: 116/58; G: 138/69

1. Bestimme die Fälle der fettgedruckten Wörter und deren Funktion und übersetze:

	Fall	*Funktion*	*Punkte*
Odium **Romanorum** (2x) maximum erat.	....	....	3 + 5
Ü.:			
Multas horas agricolae in agris laborant.	....	....	2 + 5
Ü.:			
Cura **liberorum** Servianum tenet.	....	....	2 + 4
Ü.:			
Servianus liberos **curis** liberavit.	....	....	2 + 4
Ü.:			
Tertia hora evigilamus.	....	....	2 + 3
Ü.:			
Romani Germanos belli **peritia** superaverunt.	....	....	2 + 5
Ü.:			
Pannoniis casae sunt.	....	....	2 + 3
Ü.:			

	Fall	Funktion	Punkte
Serviano **gaudio** est, quod liberi valent.	....	....	2 + 6

Ü.: ....

Nemo **Germanorum** certum modum **agri** possidet.	....	....	4 + 6

Ü.: ....

Multis Romanis villae sunt.	....	....	2 + 4

Ü.: ....

Romani curam **familiae** feminis mandaverunt.	....	....	2 + 5

Ü.: ....

2. Ergänze und übersetze:

Di agricolas Roman .... adiuvant. .... 1 + 4

....

Quis poetam clar .... ignorat? .... 1 + 4

....

Poeta Roman .... Italiam libris suis celebrat. .... 1 + 5

....

Nautae bon .... Romae divitias parant. .... 1 + 5

....

Provincias ad Danuvium sit .... administrant. .... 1 + 4

....

Punkte

3. Übersetze:

Industria et patientia laborate[1]! 4

Amicos visita! 2

Servianum invita! 2

Incolas aliarum terrarum inopia liberate! ....

.... 5

ANGABE
1 **laborare:** arbeiten

Nur G! *4. Übersetze:*

Die Bewohner des Römischen Reiches versuchten die Barbaren abzuhalten. 6
Trajan besuchte häufig (= pflegte zu besuchen) die Provinzen des Reiches. 5
Servianus reist häufig (= pflegt zu reisen) nach Pannonien. 5
Die Männer bemühten sich, die Frauen aus den Flammen (flamma, ae: Flamme) zu retten. 6

....

....

....

....

....

....

....

TEST 2

Stoffgebiet: Kap. VI—IX
Arbeitszeit: RG: 55 Minuten; G: 65 Minuten
Punktezahl: RG: 148/74; G: 170/85

1. Übersetze folgende Zeitwortformen, und bilde dazu die entsprechenden Formen des Imperfekts, des Perfekts und des Plusquamperfekts:

	Übersetzung	*Imperfekt*	*Perfekt*	*Plusquamperfekt*	*Punkte*
valemus	....	....	....	....	4
visitas	....	....	....	....	4
porto	....	....	....	....	4
legit	....	....	....	....	4
addunt	....	....	....	....	4
perturbantur	....	....	....	....	4
exponitis	....	....	....	....	4
videris	....	....	....	....	4
educamini	....	....	....	....	4
interrogor	....	....	....	....	4
caeditur	....	....	....	....	4
diligimur	....	....	....	....	4

2. Übersetze:

	Übersetzung	
Me interrogavistis.	....	2
Tui memores sumus.	....	2
Quis nostrum tui memor non est?	....	4
Vobiscum in Italiam migravimus.	....	3
Nobis narrat.	....	2
Et nostri et vestri memor erat.	....	4
Nos invitaverant.	....	2

	Übersetzung	Punkte
Me visitate!	....	2
Amici vestri nobis fabulam narraverunt.	....	4
Cum amico meo ambulavi.	....	4

3. Bilde zu folgenden Wörtern den Abl. Sg. und den Gen. Pl.:

	Abl. Sg.	*Gen. Pl.*	
rex dives	....	....	4
omnis infans	....	....	4
pastor regius	....	....	4
ludus circensis	....	....	4
urbs vetus	....	....	4
talis homo	....	....	4
crimen incredibile	....	....	4
templum celebre et vetus	....	....	6

4. Ergänze die fehlenden Relativpronomina und übersetze:

Liberi, ... in horto videmus, legunt.	1 + 6
Lucius, ... fabulam narravi, gratias agit.	1 + 5
Amici, ... villa ad mare sita est, nos invitaverunt.	1 + 8
Magistri, a .... educati sumus, boni sunt.	1 + 6
Larentia, ... infantes educavit, uxor Faustuli erat.	1 + 7

Punkte

Nur G! *5. Übersetze:*

Die Bewohner, deren Stadt durch einen Brand zerstört worden ist, werden von allen unterstützt. 8

Die Flammen, durch die Rom zerstört worden ist, wurden durch den Wind entfacht. 6

Die Freunde, die wir besucht haben, erzählten (Perf.) uns vom Brand Roms. 8

....

....

....

....

....

....

Stoffgebiet: Kap. X (Imperium Romanum B)
Arbeitszeit: 25 Minuten
Punktezahl: 95/48

Punkte

Nur RG! *1. Bilde zu folgenden Verba das passive Participium Perfekt:*

	Partizip		*Partizip*	*Punkte*
comprehendo	....	exstruo	....	2
amitto	....	augeo	....	2
iubeo	....	placo	....	2
video	....	ago	....	2

2. Übersetze:

Amulius fratre regno deturbato Ream Silviam Vestalem legit. — 7

Nova urbe condita Romulus et Remus deos consuluerunt, quod nomen urbi esset[1]. — Fratre necato Romulus urbi nomen dedit. 10 + 6

Punkte

Liberi more maiorum educati spectaculis Romae editis non interfuerunt. — Urbem incendio vastatam vidimus. — 9 + 4

Quis triumphi a Tito acti memor non est? — 6

Homines fortunis amissis cibo quoque caruerunt. 6

3. Verwandle die fettgedruckten Gliedsätze in Partizipialkonstruktionen und übersetze:

Homines, **qui capitis damnati erant,** crucibus adfixi sunt.

P.: .... Ü.: ....

.... 1 + 5

Postquam Iudaei victi sunt, Titus triumphum pulcherrimum egit.

P.: .... Ü.: ....

.... 2 + 6

Frumentum, **quod terra marique apportatum erat,** hominibus pauperibus datum est.

P.: .... Ü.: ....

.... 1 + 8

Memor sum virorum, **qui capitis damnati sunt.**

P.: .... Ü.: ....

.... 1 + 4

Postquam Roma incendio vastata est, aedificia pulcherrima iussu Neronis exstructa sunt.

P.: .... Ü.: ....

.... 2 + 9

ANGABE

1 **esset** (Konjunktiv Impf.): er (sie, es) soll sein

Stoffgebiet: Kap. XIII (Imperium Romanum B)
Arbeitszeit: 40 Minuten
Punktezahl: 113/57

Punkte

Nur RG! *1. Übersetze:*

Hectore fortiter pugnante tamen Troia deleta est. —	6
Graeci Troiam oppugnantes in equum se abdiderunt. —	6
Liberi patri interroganti responderunt. —	5
Philotimo fabulam de certamine inter Neptunum et Minervam narrante liberi magno studio audiunt. —	13
Iulia parentibus litteras dante Pedanius cum amicis de vita bene acta disputat. —	12
Quis Laocoonta (Akk. Sg.) filiis auxilio venientem necavit? —	6
Romani Aeneam Venere adiuvante servatum auctorem gentis celebraverunt. —	8
Nerone excidium Troiae canente Roma flammis vastata est. —	7
Tito victore Romam contendente homines dis deabusque gratias egerunt.	8

Punkte

2. Verwandle die fettgedruckten Gliedsätze in Partizipialkonstruktionen und übersetze:

Dum liberi ambulant, mater domi laborat.

P.: .... Ü.: ....

.... 2 + 5

Dum milites fortiter pugnant, feminae deos adorant.

P.: .... Ü.: ....

.... 2 + 6

Liberi patri, **qui in agris laborat,** cenam parant.

P.: .... Ü.: ....

.... 1 + 8

Dum Aeneas cum patre filioque Troiam relinquit, multi Troiani a Graecis necati sunt.

P.: .... Ü.: ....

.... 2 + 10

Angues[1] Laocoonta (Akk. Sg.), **qui tela apportavit,** necaverunt.

P.: .... Ü.: ....

.... 1 + 5

ANGABE
1 **anguis,** is m.: Schlange

Stoffgebiet: Kap. X—XV

Arbeitszeit: 32 Minuten (Aufgaben 1—4) + 38 Minuten (Aufgaben 5—8) = 70 Minuten

Punktezahl: RG: 92 (1—4)/46; 98 (5—8)/49 = 190/95; G: 87 (1—4)/44; 98 (5—8)/49 = 185/92

Punkte

1. Stimme die Demonstrativpronomina is *bzw.* hic *mit folgenden Substantiva bzw. Adjektiva überein:*

....	....	exercitui Romano	2
....	....	rei publicae	4
....	....		
....	....	turrim altam	2
....	....	porticus	8
....	....		
....	....		
....	....		
....	....	vires	4
....	....		
....	....	magistratus	8
....	....		
....	....		
....	....		
....	....	cornu	8
....	....		
....	....		
....	....		

2. Bilde zu folgenden Adjektiva den Komparativ und den Superlativ:

	Komparativ	*Superlativ*	
fortis, e	....	....	2
pulcher 3	....	....	2

	Komparativ	*Superlativ*	*Punkte*
vetus, eris	....	....	2
altus 3	....	....	2
magnus 3	....	....	2
strenuus 3	....	....	2
facilis, e	....	....	2
multi 3	....	....	2

3. Bilde zu folgenden Zeitwortformen das Futur und übersetze:

	Futur	*Übersetzung (Futur)*	
possum	....	....	2
adspicis	....	....	2
caperis	....	....	2
audiunt	....	....	2
docent	....	....	2
superatur	....	....	2
venimus	....	....	2
laudantur	....	....	2
desilitis	....	....	2
fugimus	....	....	2

4. Übersetze folgende Zeitwortformen:

	Übersetzung	
desilient	....	1
dormiens	....	1
potuerant	....	1
capti erant	....	1
adspice	....	1

	Übersetzung	*Punkte*
cupiebant	....	1
adorantes	....	1
properabit	....	1
ascendemus	....	1
reprimi	....	1
poterimus	....	1
capimus	....	1
afficieris	....	1
poteram	....	1

Nur RG!

eunt	....	1
cubitum ierunt	....	1
imus	....	1
ibunt	....	1
iens	....	1

5. Bilde den Infinitiv Perfekt aktiv und passiv zu:

	akt. Inf. Perf.	*pass. Inf. Perf.*	
aperire	....	....	2
afficere	....	....	2
tollere	....	....	2
caedere	....	....	2
constituere	....	....	2
audire	....	....	2

6. Ergänze das fehlende Possessivpronomen und übersetze: *Punkte*

Romani .... que socii multos populos superaverunt. 1 + 6

....

Iulia Pedanium .... que familiam exspectavit. 1 + 5

....

Lucius cum amicis .... Athenas visitavit. 1 + 6

....

Lucius a magistris optimis educatus est, nam pater .... di(vi)tissimus erat. 1 + 8

....

Puellae et .... parentes pulchre canunt. 1 + 5

....

7. Bilde zu den in Klammern stehenden Adjektiva die Adverbia und übersetze:

.... (fortis, e) pugnant. .... 1 + 2

.... (pulcherrimus 3) cecinit. .... 1 + 2

.... (prudens, bonus, iustus) agit.

.... 3 + 4

Quis .... (acer, acris, acre) Troiam defendit quam Hector? 1 + 5

....

Liberi .... (celer, celeris, celere) cucurrerunt. .... 1 + 3

....

Nemo .... (crudelis, e) egit quam Ariovistus. 1 + 5

8. Übersetze:

Germani incredibili magnitudine corporum erant. 4

....

Punkte

Helena femina egregia pulchritudine erat. 5

....

Catilina malo ingenio[1] erat. 4

Lucius puer quindecim annorum est. 4

Viri magni ingenii[1] et virtutis egregiae rem publicam regunt. 5

....

ANGABE
1 **ingenium,** i: Wesen, Anlage

TEST 6

Stoffgebiet: Kap. XV
Arbeitszeit: 25 Minuten
Punktezahl: 105/53

Punkte

1. Bilde Infinitiv Präsens und Perfekt aktiv:

Präsens *Perfekt*

adspicio 2

fugio 2

afficio 2

evado 2

consido 2

2. Bilde Infinitiv Präsens und Perfekt passiv:

Präsens *Perfekt*

afficio 2

deleo 2

delecto 2

Punkte

	Präsens	*Perfekt*	
corripio	....	....	2
dico	....	....	2
audio	....	....	2

3. Mache folgende Aussagesätze von Audivi *abhängig und übersetze:*

Tria oppida aetate Titi deleta sunt. — Audivi ....

....

Ü.: .... 2 + 5

Pedanius pulchritudine locorum delectatur. — Audivi ....

....

Ü.: .... 2 + 4

Avunculus Plinii Stabias navigavit. — Audivi ....

....

Ü.: .... 2 + 4

Iulia parentibus litteras dedit. — Audivi ....

....

Ü.: .... 2 + 4

Liberi Romani more maiorum educati sunt. — Audivi ....

....

Ü.: .... 3 + 5

Troia a Graecis deleta est. — Audivi ....

....

Ü.: .... 2 + 3

Punkte

Lucius domi est. — Audivi ....

....

Ü.: .... 2 + 3

Servianus morte Plinii dolore[1] afficitur. — Audivi ....

....

Ü.: .... 2 + 5

Multi homines cenantes, ludentes, dormientes eruptione Vesuvii occiderunt. —

Audivi ....

Ü.: .... 3 + 8

Plinius una cum matre fugit (Perf.). — Audivi ....

....

Ü.: .... 2 + 4

Lucius a magistro saepe laudatur. — Audivi ....

....

Ü.: .... 2 + 4

Aedificia pulcherrima Romae a multis hominibus adspiciuntur. — Audivi ....

....

Ü.: .... 3 + 7

ANGABE
1 **dolor,** oris m.: Schmerz

Liber Latinus A und Liber Latinus B: Übersetzungsübungen

LL A VIII

LL B IV

1. De Italia

Gloria Italiae magna est. Italia patria virorum bonorum et poetarum clarorum est. Dii Italiam servant; a provinciis Romanis et ab Italia Germanos arcent. Poetae clari gloriam usque ad[1] ripas Danuvii et Nili[2] propagant[3]. Agricolae Romani magno studio et in agris et in vineis laborare solent. Industria agricolarum et nautarum Romanis divitias[4] parat. — Magistri Romani barbaros[5] litteras docent.

Roma non solum[6] factis virorum clarorum, sed etiam multis aedificiis pulchris clara est. Quam pulchrum est Romam visitare!

ANGABEN

1 **usque ad** + Akk.: bis zu / 2 **Nilus,** i m.: Nil / 3 **propago** 1: ausdehnen / 4 **divitiae,** arum f. Pl.: Reichtum / 5 **barbari,** orum m. Pl.: die Barbaren / 6 **solum:** nur

2. Gaius: Sei gegrüßt, Segomarus! Erzähle mir[1] über deine Heimat! Wo wohntest du?

Segomarus: Ich wohnte am Donauufer. Die Donau ist ein breiter Fluß. Ich erfreute mich an den schönen Weingärten und den dichten Wäldern meiner Heimat. Häufig segelte ich (= pflegte zu segeln) mit Freunden auf der Donau oder tötete in den Wäldern Wölfe und Bären mit meinem Speer. Am Abend saß ich häufig (= pflegte zu sitzen) im Garten und erfreute mich an den Büchern römischer Dichter. Ich vermisse meine Heimat sehr.

ANGABE

1 **mir:** mihi

LL A XII

LL B VII

1. Augustus Iulium amicum salutat.

Si tu vales, bene est, ego valeo. Iam diu in animo habebam[1] litteris tuis respondere, sed via[2] fessus[3] eram. Cum avunculo meo in Italiam migravi[4]. Iam multa spectavimus. Vobis, tibi et Corneliae, invideo[5], quod[6] saepe in Danuvio navigatis et cum amicis vestris ludis gaudetis. Quam pulchrum est post cenam in horto vestro sedere aut in ripa Danuvii ambulare! — Flavium[7] visitavimus. Quis vestrum Flavium ignorat[8]? Amicus bonus est. Nobis multa templa et aedificia pulchra monstravit. Tui semper memor sum. — Quid vos, tu et Cornelia, agitavistis? Tu, Iuli, certe Titum, amicum nostrum, festis diebus visitavisti! Multo plus[9] vos desidero quam tu putas[10]. Vale!

ANGABEN
1 **in animo habere:** im Sinn haben, beabsichtigen / 2 **via,** ae f.: Reise / 3 **fessus** 3: müde / 4 **migro** 1: reisen / 5 **invideo** 2 (+ Dat.): beneiden / 6 **quod:** weil / 7 **Flavius,** i m.: Flavius (Männername) / 8 **ignoro** 1: nicht kennen / 9 **plus:** mehr / 10 **puto** 1: glauben

2. Titus denkt mehr an sich als an die anderen; immer lobt er sich, immer erzählt er von sich und seinen Taten. Er gefällt sich selbst am meisten. Ein guter Freund aber fürchtet für seine Freunde mehr als für sich.

3. Gaius: „Cras vobis agros nostros et vineas magnas monstrabo. Multas horas ambulabimus et meridie in umbra altarum pomorum sedebimus; pomis egregiis gaudebitis. Deinde in Danuvio navigabimus. Quam pulchrum erit et silvas et vicos et campos videre!"

Amici: „Si nos Romae[1] visitabis, tibi templa antiqua, magnifica aedificia publica, monumenta clarorum virorum monstrabimus. Aedificia tibi placebunt. Diebus festis in circo magnificos ludos spectabis. Quam pulchra est Roma diebus festis!"

ANGABE
1 **Romae:** in Rom

LL A XVIII

LL B X

1. Pater[1] eiusque liberi in porticu domus pulchrae sedent.

Liberi: „Narra nobis de spectaculis Romanis, nam semper verbis tuis delectamur."

Pater: „In amphitheatris multorum oppidorum et in circo magnifica spectacula populo praebebantur. Romani ludis delectati sunt; tamen animus meus ab iis spectaculis cruentis abhorret[2], quod et viri et magnus numerus bestiarum illis locis necati sunt."

ANGABEN
1 **pater,** tris: Vater / 2 **abhorrere a:** vor etwas zurückschrecken; etwas verabscheuen

2. De exercitu Romano

Exercitus Romani multis bellis secundis gloriam sibi paraverunt. In media acie peditatus pugnavit, in cornibus manus sociorum. Germanos trans Danuvium habitantes et Parthos ab imperio Romano arcuerunt. Saepe rem publicam summis e periculis servaverunt. Tamen nonnumquam[1] Germani et Galli Romanos eorumque socios superaverunt et impetu suo fugaverunt, sed senatus et magistratus animum exercitus iterum[2] confirmaverunt.

ANGABEN
1 **nonnumquam:** manchmal / 2 **iterum:** wieder

LL A XXVII

LL B XVII

1. De incendio Romae
Nerone imperatore[1] magna pars urbis Romae flammis vastata est. Circus primum[2] flammis comprehensus est[3]. Flammae circum magna celeritate[4] comprehenderunt[3]. Deinde neque aedificia publica neque templa incendium coercuerunt. Homines divites et plebs pauper domos et res suas amiserunt[5]. Cibo quoque caruerunt[6]. — Subitaria aedificia[7], quae iussu[8] Neronis aedificata erant, homines pauperes protexerunt[9]. Terra marique res multae apportatae sunt. Pretium frumenti minutum est[10]. Nero tempore incendii, ut dicunt, domesticam scaenam[11] intraverat et cecinerat excidium Troiae. Deinde urbs viis latis et domibus pulchris a Nerone aedificata est. Homines dis deabusque immolaverunt et pro salute gratias egerunt.

ANGABEN
1 **Nerone imperatore:** unter Kaiser Nero / 2 **primum:** zuerst / 3 **comprehendo** 3, -prehendi, -prehensus: erfassen / 4 **celeritas,** atis f.: Geschwindigkeit / 5 **amitto** 3, -misi, -missus: verlieren / 6 **careo** 2 (+ Abl.): entbehren / 7 **subitaria aedificia** n. Pl.: Notunterkünfte / 8 **iussu:** auf Befehl / 9 **protego** 3, -texi, -tectus: schützen / 10 **minuo** 3, minui, minutus: vermindern, senken / 11 **domestica scaena:** Privatbühne

2. De pugna Teutoburgiensi[1]
Arminius cives suos hac fere oratione[2] ad pugnam incitavit: „Hic sol, hoc caelum, haec patria nostra testes[3] sunt iniuriarum, quas Romani populo nostro fecerunt[4]. Hanc terram expu-

gnare, huius terrae incolas novis iniuriis premere[5] student. Sed ignota sunt Romanis haec loca; in his silvis nulla via illis est aperta[6]. Hos montes, has angustias[7], ipsas umbras harum silvarum, omnia haec Romani timent.
Ego sum dux vester. Vos milites[8] mei estis. Nos omnes sumus viri Germani, qui semper pro patria pugnamus. Itaque nunc unumquemque[9] vestrum ad arma voco."
Arminium eiusque verba Germani laudaverunt. Paulo post[10] Arminius eiusque exercitus in saltu Teutoburgiensi[11] Romanos superaverunt.

ANGABEN
1 **de pugna Teutoburgiensi:** (über) die Schlacht im Teutoburger Wald / 2 **oratio,** onis f.: Rede / 3 **testis,** is m.: Zeuge / 4 **iniurias facere:** Unrecht zufügen / 5 **premo** 3: bedrängen / 6 **apertus** 3: offen / 7 **angustiae,** arum f. Pl.: Enge / 8 **miles,** itis m.: Soldat / 9 **unumquemque** (Akk. Sg.): jeden einzelnen / 10 **paulo post:** wenig später / 11 **saltus Teutoburgiensis:** Teutoburger Wald

3. *Übersetze:*
Faustulus, ein Hirte des Königs, sah Romulus und Remus, die*[1] von Amulius ausgesetzt worden waren, bei einem Baum. Er brachte sie zu (seiner) Gattin Larentia. Larentia und Faustulus, die* die Kinder mit großer Liebe erzogen, lehrten sie, mit Eifer zu arbeiten und sich mit Waffen gegen (= a, ab + Abl.) Gegner zu verteidigen. Nachdem sie dem Kindesalter entwachsen waren[2], vertrieben sie Amulius und gründeten eine Stadt, die sie Rom nannten.

ANGABEN
1* = Partizipialkonstruktion / 2 **dem Kindesalter entwachsen:** e pueris excedere; excedo 3, -cessi, -cessum

LL A XXXIII

LL B XXI

Entscheidungsfragen

servaverunt ....

Nonne anseres Capitolium servaverunt?

Ü.: ....

....

Nonne templa ardentia videbantur?

Ü.: ....

....

Num animalia e stabulo ardente servata sunt?

Ü.: ....

....

Nonne liberi in horto ludunt?

Ü.: ....

....

Num porta aperta est?

Ü.: ....

....

Nonne Nero excidium Troiae cecinerat?

Ü.: ....

....

....

Num templum deletum est?

Ü.: ....

....

....

Nonne Aeneas urbem ardentem cum patre filioque reliquit?

Ü.: ....

....

....

Navesne Aeneae ventis fluctibusque iactantur?

Ü.: ....

Ferner übersetze folgende Texte:

De Roma, p. 102

De Hannibale, p. 103

De Aenea, p. 106

De Androclo et leone, p. 101/102

NB Wörter, die du nicht kennst, schlage im Eigennamenverzeichnis bzw. im lateinisch-deutschen Vokabular nach!

Liber Latinus A: Tests

Stoffgebiet: Kap. I—IV
Arbeitszeit: 25 Minuten
Punktezahl: 46/23

Punkte

1. Übersetze:

Die Frau des Bauern bereitet mit großem Fleiß das Essen vor. — Die Mädchen 6
gehorchen der Lehrerin. — Der Großvater zeigt Claudia die Dörfer, die Wälder 3
und die Felder unserer Heimat. — Eilt in den Wald und erzählt dem Großvater 8
die Geschichte! 6

....

....

....

....

....

2. Bilde zu den in Klammern stehenden Wörtern den erforderlichen Fall und übersetze:

Paulus cum .... (amicus) in .... (silva) properat. 2 + 4

Avus Paulo de .... (pugna, Pl.) Romanorum et Germanorum narrat. 1 + 5

E .... (silva) in .... (villa) properamus. 2 + 3

Cum .... (Paulus) ad .... (ripa) Danuvii propero. 2 + 4

....

....

....

....

....

....

TEST 2

Stoffgebiet: Kap. V—XI
Arbeitszeit: 35 Minuten
Punktezahl: 72/36

Punkte

1. Übersetze:

Wer fürchtet die Gefahr des Brandes nicht? — Die Bauern retten die Kühe und	4
die Pferde aus den Ställen. — Alexander zeigt den Freunden die schönen Äcker	5
der freien Bauern Norikums (Noricum, i). — Im Garten des Großvaters gibt es	6
(= sind) viele hohe Obstbäume. — Am Abend lesen wir häufig (= pflegen wir	5
vorzulesen) aus den Büchern berühmter Dichter den Kindern des Bauern vor.	8

....

....

....

....

....

....

....

....

....

....

2. Bilde zu folgenden Zeitwortformen Imperfekt und Futur:

	Imperfekt	*Futur*	
estis	....	....	2
aro	....	....	2
timent	....	....	2
arcemus	....	....	2
delectant	....	....	2
ambulas	....	....	2

Punkte

3. Übersetze:

Multi nostrum in Italia erant. — Semper mei memor est. — Quis mecum ambu- 3 + 3
labit? — Vobis oppidum placet. — Quis nostrum vestri memor non est? — Vos 3 + 3 + 3
visitabimus. — Ubi vesperi eris? — Tibi fabulas narrabam. — Pro re publica 2 + 2 + 3
nostra orabimus. — Diebus festis ludos magnificos spectabo. — Et in rebus 3 + 3
secundis et in rebus adversis amicorum nostrorum memores sumus. 4

....

....

....

....

....

....

....

....

....

Stoffgebiet: Kap. XII—XVI
Arbeitszeit: 35 Minuten
Punktezahl: 72/36

1. Bilde zu folgenden Zeitwortformen Perfekt und Plusquamperfekt:

	Perfekt	*Plusquamperfekt*	
sumus	....	....	2
intro	....	....	2
coercent	....	....	2
obtemperatis	....	....	2
mones	....	....	2
monstrat	....	....	2

Punkte

2. Übersetze:

sie hatten belehrt	er hat ferngehalten	1 + 1
ich habe besetzt	du hattest gezeigt	1 + 1
wir sind gewesen	ihr habt gewohnt	1 + 1
ihr seid ermahnt worden		1
Die Mädchen waren gelobt worden.		2
Die Spiele hatten uns gefallen.		3
Die Germanen waren besiegt worden.		2
Die Kinder sind beim Großvater geblieben.		3
Ihr habt uns vieles gezeigt.		3

3. Übersetze:

Die höchsten Beamten verwalteten (Perf.) den römischen Staat. — Die römi- 3
schen Dichter priesen in ihren Versen Italien. — Er befehligt das römische 4 + 2
Heer. — Er zeigte (Perf.) uns die schönen Häuser Roms. — Wir sitzen oft in 5
den schönen Säulenhallen unseres Hauses. 4

....

....

....

....

....

4. Stimme die Demonstrativpronomina ille *und* hic *mit folgenden Substantiva überein:*

......................., ... exercitui Romano 2

......................., ... rei publicae ...., ... 4

Punkte

……………………, …………………… porticus ……………………, ……………………

……………………, ……………………   ……………………, …………………… 8

……………………, …………………… cornu ……………………, ……………………

……………………, ……………………   ……………………, …………………… 8

Stoffgebiet: Kap. XVII—XXIII
Arbeitszeit: 35 Minuten
Punktezahl: 79/40

1. Bilde das passive Präsens, Imperfekt und Futur zu folgenden Zeitwortformen:

	Präsens	*Imperfekt*	*Futur*	
salutamus	……………………	……………………	……………………	3
moneo	……………………	……………………	……………………	3
docent	……………………	……………………	……………………	3
invitas	……………………	……………………	……………………	3

2. Übersetze:

Wir loben ihn und seinen Freund. — Ich werde mit ihr spazierengehen. — Er hat niemals über seine Taten geschwiegen. — Ich dachte an ihn. — Wir haben sie (m. Pl.) gesehen. — Sie wird ihm immer dankbar sein (Dank wissen). 3 + 2 3 + 2 2 + 3

……………………………………………………………………………………

……………………………………………………………………………………

……………………………………………………………………………………

……………………………………………………………………………………

……………………………………………………………………………………

……………………………………………………………………………………

		Punkte
3. Bilde zu folgenden Zeitwortformen die entsprechenden Formen von ducere:		
doceri	invita!	1 + 1
migrant	ambulabam	1 + 1
salutaris	interrogas	1 + 1
properate!	doleo	1 + 1
spectaverat	adiutus est	1 + 1

4. Ergänze das fehlende Relativpronomen und übersetze:

Agricolae, ... in agris videmus, summo studio laborant. — Liberi,	1 + 6
.... amicus aeger est, nunc in Italia sunt. — Romani, ...	1 + 5
multi populi obtemperabant, domini orbis terrarum (= des Erdkreises) erant. —	1 + 4
Amico, a .... adiuvamur, gratiam habemus.	1 + 3

....

....

....

....

....

....

5. Bilde den Abl. Sg. und den Gen. Pl. zu:

	Abl. Sg.	*Gen. Pl.*	
mos Romanus	....	....	4
ordo primus	....	....	4
lex bona	....	....	4
flumen magnum	....	....	4
iter longum	....	....	4

Stoffgebiet: Kap. XXIV—XXVIII
Arbeitszeit: 28 Minuten
Punktezahl: 71/35

	Punkte
1. Übersetze:	
du wirst emporsteigen	1
Kriege werden geführt werden	1
ich werde singen	1
ihr werdet geschickt werden	1
wir werden lenken	1
er wird gesehen werden	1

2. Bilde den Abl. Sg. und den Gen. Pl. zu:

	Abl. Sg.	*Gen. Pl.*	
omne mare	....	....	4
vis magna	....	....	4
exemplar vetus	....	....	4
avis pulchra	....	....	4
turris alta	....	....	4
urbs ardens	....	....	4
hic finis	....	....	4
collis altus	....	....	4
agricola laborans	....	....	4
navis magna	....	....	4

3. Übersetze:

Die Griechen töteten (Perf.) die Trojaner, die* schliefen. — Die Trojaner hielten	4
die Griechen, die* Troja belagerten, von der Stadt neun Jahre ab. — Äneas ent-	7
kam (entkommen: evadere e) den Händen der Feinde, die* die Stadt vernichteten.	6

Punkte

4. Übersetze:

wir werden gehört werden	ihr habt gehört	1 + 1
du wurdest gehört	sie schliefen	1 + 1
er ist gekommen	er wird kommen	1 + 1
sie wurden behindert	bestraft werden	1 + 1

Stoffgebiet: Kap. XXIX—XXXIII
Arbeitszeit: 30 Minuten
Punktezahl: 70/35

1. Bilde Komparativ und Superlativ zu:

	Komparativ	*Superlativ*	
celer	....	....	2
similis	....	....	2
vetus	....	....	2
potens	....	....	2
altus	....	....	2
parvus	....	....	2
acer	....	....	2
antiquus	....	....	2

Punkte

2. Übersetze:

Sie haben tapfer gekämpft. — Er hat weise gehandelt. — Wir haben sehr schön 2 + 2
gesungen. — Ich handle gut. — Sie leben glücklicher als wir. — Wer hat 2 + 2 + 3
tapferer gekämpft als Hektor? — Du läufst schnell. — Sie werden sie (m. Pl.) 4 + 2
leicht besiegen. 3

....

....

....

....

....

3. Bilde zu folgenden Zeitwortformen die entsprechenden Formen von interficere:

docebis	interrogaris	1 + 1
dic!	laudari	1 + 1
monebantur	ducuntur	1 + 1
laudans	ducti erant	1 + 1

4. Übersetze:

Romulus et Remus auxilio deorum servati esse dicuntur. — A Faustulo eiusque 5
uxore summo amore educati esse videntur. — Graeci auxilio Minervae Troiam 5
expugnavisse dicuntur. — Aeneas cum patre et filio Troiam ardentem reliquisse 4
dicitur. — Si turrim ascenderitis, tota castra bene videbitis. 6 + 6

....

....

....

....

....

....

....

Tests: Liber Latinus B

Stoffgebiet: Kap. I—IV
Arbeitszeit: 25 Minuten
Punktezahl: 48/24

		Punkte
1. Bilde zu folgenden Zeitwortformen das Imperfekt:		
sum	sedent	1 + 1
laudat	estis	1 + 1
mones		1

2. Bilde zu den in Klammern stehenden Wörtern den erforderlichen Fall und übersetze:

In .... (hortus) sedemus.	1 + 2
Romani cum .... (Germani) saepe pugnabant.	1 + 3
Filia agricolae cum .... (ancilla, Pl.) cenam parat.	1 + 4
E .... (villa) in .... (silva) properant.	2 + 3
Mensam .... (rosa, Pl.) ornant.	1 + 3
Magister de .... (populus Romanus) narrare solet.	1 + 3

....

....

....

....

....

....

....

....

Punkte

3. Übersetze:

Die römischen Bauern arbeiteten mit großem Fleiß auf den Feldern. — Der 5
Großvater liest den Kindern aus den Büchern römischer Dichter vor. — Die 5
kranken Frauen sind unglücklich. — Sooft die Kinder beim Großvater waren, 2
arbeiteten sie auf den Feldern. 6

....

....

....

....

....

Stoffgebiet: Kap. V—IX
Arbeitszeit: 30 Minuten
Punktezahl: 94/47

1. Bilde zu folgenden Zeitwortformen Futur, Perfekt und Plusquamperfekt:

	Futur	*Perfekt*	*Plusquamperfekt*	
visito	....	....	....	3
est	....	....	....	3
monent	....	....	....	3
habemus	....	....	....	3

2. Übersetze:

Multi nostrum in Italia erant. — Semper mei memor est. — Quis mecum ambu- 3 + 2
labit? — Vobis vineae placent. — Quis nostrum vestri memor non est? — 2 + 3 + 3
Vos visitabimus. — Ubi meridie eritis? — Tibi fabulas narrabam. — Pro re 2 + 2 + 3
publica nostra orabimus. — Diebus festis spectacula spectaveram. — Et in 3 + 3
rebus secundis et in rebus adversis amicorum nostrorum memores sumus. — 4
Gaudebo, si vobis villa mea placebit. — Tibi semper gratiam habebo. — 4 + 2
Populus Romanus multos dies festos celebravit. 3

Punkte

....

....

....

....

....

....

....

....

....

3. Übersetze:

Die höchsten Beamten verwalteten (verwalten = administrare; verwende das Perfekt!) den römischen Staat. — Die römischen Dichter priesen in ihren Versen 3
Italien. — Er zeigte uns die schönen Häuser der Stadt. — An (= in + Abl.) den 4 + 4
beiden Heeresflügeln kämpfte die Reiterei. 4

....

....

....

....

....

4. Stimme ille *und* hic *mit folgenden Substantiva überein:*

......................., ... domum 2

......................., ... domus ...., ... 6

......................., ...

......................., ... cornu ...., ... 8

......................., ..., ...

Punkte

......................, ... magistratus ...., ... 8

......................, ..., ...

......................, ... rei ...., ... 4

Stoffgebiet: Kap. X—XII
Arbeitszeit: 40 Minuten
Punktezahl: 76/38

1. Bilde zu folgenden Zeitwortformen das passive Präsens, Imperfekt und Futur:

	Präsens	*Imperfekt*	*Futur*	
terreo	....	....	....	3
tacet	....	....	....	3
adiuvas	....	....	....	3
servant	....	....	....	3

2. Übersetze:
Er unterstützt sie (drei Formen). — Wir lieben ihn. — Ich verweigerte ihnen nie 4 + 2
die Hilfe. — Er denkt immer an sich. — Sie werden mit ihr spazierengehen. — 3 + 2 + 2
Ich denke an ihn. — Die Freunde loben seine Dienste. — Wir werden sie (f. Sg.) 2 + 3
und ihre Freunde besuchen. 4

....

....

....

....

....

....

....

....

Punkte

3. Bilde zu folgenden Zeitwortformen die entsprechenden Formen von mittere:

properate	docetur	1 + 1
laudabo	moneris	1 + 1
arabant	doceo	1 + 1
displicebit	servantur	1 + 1

4. Übersetze:

ich war ermahnt worden	1
er war gefragt worden	1
sie ist erschreckt worden	1
sie sind gelobt worden	1
wir waren gefeiert worden	1

5. Ergänze das Relativpronomen und übersetze:

Agricolae, ... in agris videmus, summa industria laborant. —	1 + 6
Liberi, ... amicus aeger est, nunc in Italia sunt. — Caesar in	1 + 5
Britanniam navigavit, ... copiae Romanae numquam intraverant. —	1 + 6
Amico, a .... adiuvamur, gratiam habemus. — Caesar, ...	1 + 4
populus Romanus coluit (= Perf. zu colere), Galliam superavit.	1 + 5

....

....

....

....

....

....

....

Stoffgebiet: Kap. XIII—XVII
Arbeitszeit: 25 Minuten
Punktezahl: 96/48

1. Bilde den Abl. Sg. und den Gen. Pl. zu:

	Abl. Sg.	*Gen. Pl.*	*Punkte*
mos antiquus	....	....	4
nulla virtus	....	....	4
homo pauper	....	....	4
turris alta	....	....	4
avis pulchra	....	....	4
verbum acre	....	....	4
omnis res	....	....	4
mare altum	....	....	4
urbs antiqua	....	....	4
magna vis	....	....	4
genus nobile	....	....	4
flumen longum	....	....	4
frater infelix	....	....	4

2. Übersetze:

Illae urbes vi superatae sunt. — Vocibus avium delectamur. — Summi magi- 3 + 3
stratus rei publicae Romanae consules erant. — Mores maiorum semper 3
colemus. — Quis trans Tiberim habitavit? — Haec animalia in mari vivunt. — 3 + 3 + 3
Villa nostra duo milia passuum a mari abest. 4

....

....

....

....

Punkte

....

....

....

3. Übersetze:

Sie sind von Brundisium (mit dem Schiff[1]) nach Athen gefahren. — Ich bin von Sizilien nach Rom gereist. — In Rom besuche ich meine Freunde. — Er wohnt in Neapel. — Wir haben in Athen alles besichtigt. 3 | 3 + 3 | 2 + 3

....

....

....

....

....

ANGABE
1 bleibt unübersetzt

Stoffgebiet: Kap. XVIII—XXI
Arbeitszeit: 40 Minuten
Punktezahl: 106/53

1. Bilde zu folgenden Adjektiva den Komparativ und den Superlativ:

	Komparativ	*Superlativ*	
altus	....	....	2
nobilis	....	....	2
vetus	....	....	2
pauper	....	....	2
facilis	....	....	2
pulcher	....	....	2

	Komparativ	*Superlativ*	*Punkte*
malus	....	....	2
antiquus	....	....	2
bonus	....	....	2
necessarius	....	....	2

2. Übersetze:

Sie haben tapfer gekämpft. — Er hat weise gehandelt. — Wir arbeiten sehr schwer. — Sie leben glücklicher als wir. — Wer hat tapferer gekämpft als Hektor? — Sie werden die Feinde leicht besiegen. — Er ist schwer verletzt. 2 + 2 / 2 + 3 / 3 + 3 + 2

....

....

....

....

....

3. Übersetze:

Animalia e stabulo ardente servata esse dicuntur. — Magna est laus militum patriam defendentium. — Graeci Troianos dormientes necavisse dicuntur. — Romulus et Remus auxilio deorum servati esse dicuntur. — Iuvenes fortiter pugnantes tamen necati sunt. — Romulus in caelum ascendisse dicitur. — Romulus et Remus a Faustulo summo amore educati esse videntur. — Graeci Troiam auxilio Minervae expugnavisse dicuntur. — Si turrim ascenderitis, flumen videbitis. 4 / 4 + 4 / 4 / 3 + 4 / 5 / 5 + 5

....

....

....

....

....

....

....

Punkte

....

....

....

....

4. Bilde zu folgenden Zeitwortformen die entsprechenden Formen von audire:

invitabo	doceris	1 + 1
doceberis	ducunt	1 + 1
duci	properate!	1 + 1
pugnabant	laudans	1 + 1

5. Beantworte in lateinischer Sprache und übersetze:

Nonne pomis egregiis gaudetis? .... 1 + 3

Ü.: ....

Num Athenis fuisti? .... 1 + 2

Ü.: ....

Verumne est? .... 1 + 1

Ü.: ....

Nonne liberi in horto ludunt? .... 1 + 3

Ü.: ....

Num Graeci a Troianis superati sunt? .... 1 + 3

Ü.: ....

Fuitne amicus vester Romae? .... 1 + 3

Ü.: ....

Nonne Galli Romam occupaverunt? .... 1 + 3

Ü.: ....

Stoffgebiet: Kap. XXII—XXIII
Arbeitszeit: 35 Minuten
Punktezahl: 111/56

Punkte

1. Bilde zu folgenden Zeitwortformen die entsprechenden Formen zu capere:

	capere		*capere*	
videris	………………………………	veniunt	………………………………	2
estis	………………………………	amabitur	………………………………	2
consenserunt	………………………………	existimari	………………………………	2
putabam	………………………………	ama	………………………………	2
cingeris (2x)	………………………………		………………………………	2

2. Bilde den akt. und pass. Inf. Präs. und den akt. und pass. Inf. Perf. zu:

		Präsens		*Perfekt*	
ago	*akt.:*	………………………………	*akt.:*	………………………………	
	pass.:	………………………………	*pass.:*	………………………………	4
quaero	*akt.:*	………………………………	*akt.:*	………………………………	
	pass.:	………………………………	*pass.:*	………………………………	4
dico	*akt.:*	………………………………	*akt.:*	………………………………	
	pass.:	………………………………	*pass.:*	………………………………	4
capio	*akt.:*	………………………………	*akt.:*	………………………………	
	pass.:	………………………………	*pass.:*	………………………………	4
audio	*akt.:*	………………………………	*akt.:*	………………………………	
	pass.:	………………………………	*pass.:*	………………………………	4
celebro	*akt.:*	………………………………	*akt.:*	………………………………	
	pass.:	………………………………	*pass.:*	………………………………	4

3. Mache folgende Aussagesätze von Scio *abhängig und übersetze:*

Pater a multis amatus est. — Scio ………………………………………………

Ü.: ……………………………………………………………………… 2 + 3

Punkte

Liberi a parentibus amantur. — Scio ....

Ü.: .... 2 + 3

Beatus sum. — Scio ....

Ü.: .... 3 + 2

Beati sunt. — Scio ....

Ü.: .... 3 + 2

Scipio Nasicam visitavit. — Scio ....

Ü.: .... 2 + 3

Ennius egregius poeta Romanus fuit. — Scio ....

Ü.: .... 5 + 5

Romulus inter pastores vitam egit. — Scio ....

Ü.: .... 2 + 3

Romulus ad deos transiit. — Scio ....

Ü.: .... 2 + 3

Albani a rege Romano victi sunt. — Scio ....

Ü.: .... 2 + 4

4. Übersetze:

Legi vulpem gallum rapere cupivisse, sed laqueum[1] conspexisse et fugisse. — 9
Narraverunt pacem a consulibus factam esse. — Narrant se hac aestate in 4
Italiam iter fecisse. — Patrem sibi de Roma saepe narrare dicit. 6 + 6

ANGABE
1 **laqueus,** i m.: Schlinge, Falle

Stoffgebiet: Kap. XXIV—XXVI
Arbeitszeit: 35 Minuten
Punktezahl: 103/52

1. Bilde zu folgenden Zeitwortformen die entsprechenden Formen zu laetari, confiteri *und* pati:

	laetari	confiteri	pati	*Punkte*
properat				3
constituerat				3
lege				3
viderunt				3
dimittebam				3
ignovi				3
laudavisse				3
portabis				3
laborant				3
monuero				3

2. Bilde zu folgenden Zeitwortformen die entsprechenden Formen zu complecti *und* largiri:

	complecti	largiri	
laborans			2
gerent			2
fugite			2
apparet			2
laborabo			2

3. Übersetze:

	Übersetzung		*Übersetzung*	
audebis		gavisi sunt		2
ausus eras		confisus		2

	Übersetzung		*Übersetzung*	*Punkte*
confidet	....	solebat	....	2
ausus esse	....	gaudebo	....	2
gavisa erat	....	audet	....	2
diffisi sumus	....	solitus sum	....	2
reverteris (3x)	....		....	3

4. Übersetze:

Mater cum liberis servis comitantibus in Siciliam profecta est. — Filius patrem	6
venantem comitabitur. — Venatores per silvas vagati erant. — Rege cunctato	4 + 3
hostes urbem oppugnaverunt. — Hostibus victis patria nostra ab omni periculo	5
tuta fuit. — Hostes veretur. — Romani agros finitimorum populabantur. —	8 + 2 + 4
Ingenti apro agros populante incolae se summo in periculo esse arbitrati sunt. —	10
Filio regis hasta percusso omnes fugerunt.	6

....

....

....

....

....

....

....

....

....

....

....

....

....

....

Eigennamenverzeichnis

Achaia, ae: Achaia, seit 146 v. Chr. römische Provinz Griechenland
Achilles, is: Achilles, Sohn des Peleus und der Nereide Thetis; Heerführer der Griechen vor Troja
Aeneas, ae: Äneas, Sohn des Anchises und der Venus; er verließ mit seinem Vater Anchises und seinem Sohn Askanius das brennende Troja und gelangte nach langen Irrfahrten nach Latium (= Landschaft um Rom).
Africa, ae: Afrika, seit 146 v. Chr. römische Provinz
Agamemno, onis: Agamemno, Sohn des Atreus, König von Mykenä (Peloponnes); Heerführer der Griechen vor Troja
Aguntum, i: Aguntum, Stadt in Norikum; ca. 4½ km östlich von Lienz (Osttirol)
Albani, orum: die Bewohner von Alba Longa
Alexander, dri: Alexander der Große, 356—323 v. Chr.
Alexandria, ae: Alexandria, Stadt am Nildelta in Ägypten; Handels-, Bildungs- und Kulturzentrum, berühmt durch seine Bibliothek und den 110 m hohen Leuchtturm auf der Insel Pharos, der als eines der Sieben Weltwunder galt.
Alpes, ium: die Alpen
Amulius, i: Amulius, jüngerer Bruder des Numitor, dem er gewaltsam den Thron von Alba Longa in Latium entriß; Onkel der Rea Silvia, der Mutter von Romulus und Remus
Anchises, ae: Anchises, Vater des Äneas
Ariminum, i: *heute:* Rimini, Stadt an der Adria
Ariovistus, i: Ariovist, Heerkönig der germanischen Sueben; 58 v. Chr. von Cäsar geschlagen
Arminius, i: Arminius, Fürst der germanischen Cherusker; er fügte den Römern unter der Führung des Varus 9 n. Chr. im Teutoburger Wald eine völlige Niederlage zu.
Ascanius, i: Askanius, Sohn des Äneas
Athenae, arum: Athen, Hauptstadt Griechenlands
Augustus, i: Augustus, römischer Kaiser, 27 v. Chr.—14 n. Chr.
Austria, ae: Österreich
Britannia, ae: Britannien; England und Schottland
Brundisium, i: *heute:* Brindisi, bedeutende Hafenstadt an der Adria
Caesar, C. Iulius: Cäsar, 100—44 v. Chr., römischer Staatsmann und Feldherr
Capitolinus 3: Adj. zu Capitolium
Capitolium, i: Kapitol, einer der 7 Hügel Roms
Carnuntum, i: Carnuntum, römisches Lager an der Donau, 44 km östlich von Wien
Carthaginienses, ium: die Bewohner von Karthago

Carthago, inis f.: Karthago, Hauptstadt des punischen Reiches in Nordafrika; 146 v. Chr. von Scipio Africanus zerstört

Castra Batava, orum n. Pl.: *heute:* Passau

Catilina, L. Sergius: Catilina, 108—62 v. Chr., verarmter römischer Patrizier, der 63 v. Chr. einen Staatsstreich versuchte.

Celeia, ae: *heute:* Cilli, Stadt in Jugoslawien

Celtae, arum: die Kelten

Ceres, eris f.: griech.: Demeter, Göttin der Fruchtbarkeit und des Ackerbaus

Cicero, M. Tullius: Cicero, 106—43 v. Chr., römischer Redner, Politiker und Schriftsteller

Cremona, ae: Cremona, Stadt in Norditalien

Danuvius, i: Donau

Delphi, orum: Delphi, berühmte Orakelstätte des Apoll in Griechenland

Dido, onis: Dido, Königin von Karthago

Dionysius, i: Dionys, 430—367 v. Chr., Tyrann von Syrakus (Stadt auf Sizilien)

Diviciacus, i: Diviciacus, vornehmer Häduer

Ennius, i: Ennius, römischer Dichter, um 200 v. Chr.

Faustulus, i: Faustulus, königlicher Hirte, der gemeinsam mit seiner Gattin Larentia die Zwillinge Romulus und Remus gefunden und aufgezogen haben soll.

Flavius, i: Flavius, Männername

Gallia, ae: Gallien, im wesentlichen das heutige Frankreich, die Westschweiz und Belgien

Gallicus, 3: Adj. zu Gallia

Germani, orum: die Germanen

Germania, ae: Germanien, das Land jenseits der Donau und des Rhein

Graecia, ae: Griechenland

Haedui, orum: die Häduer, keltisches Volk in Gallien (cf. oben)

Hannibal, alis: Hannibal, punischer Feldherr im 2. Punischen Krieg

Hector, oris: Hektor, Sohn des Priamus, des Königs von Troja; er verteidigte Troja tapfer gegen die Griechen.

Helena, ae: Helena, Gattin des Menelaos, des Königs von Sparta

Helvetii, orum: die Helvetier, keltisches Volk, das von Cäsar besiegt wurde.

Iudaei, orum: die Juden

Iugurtha, ae m.: Jugurtha, geb. ca. 160 v. Chr., 104 v. Chr. von Marius besiegt

Iulia, ae: Julia, römischer Mädchenname

Iuppiter, Iovis: griech.: Zeus, Vater der Götter und der Menschen

Iuppiter Optimus Maximus: Hauptgottheit im römischen Staatskult. Mit Iuno und Minerva bildete er die kapitolinische Trias, deren Tempel auf dem Kapitol stand.

Laocoon, ontis: Laokoon, Priester des Neptun; er warnte die Trojaner vor dem hölzernen Pferd

Lar, Laris: Lar, altrömischer Schutzgott des Hauses und der Familie

Larentia, ae: Larentia, Gattin des Faustulus
Latium, i: Latium, Landschaft um Rom
Lauriacum, i: *heute:* Lorch bei Enns (Oberösterreich)
Lentia, ae: *heute:* Linz
Libya, ae: Libyen, Land in Nordafrika
Lugdunum, i: *heute:* Lyon (Frankreich)
Mars, Martis: Mars, Kriegsgott
Massilia, ae: *heute:* Marseille, Hafenstadt in Südfrankreich
Micipsa, ae m.: Micipsa, Sohn des Numiderkönigs Masinissa
Miltiades, is: Miltiades, griechischer Feldherr in der Schlacht von Marathon (490 v. Chr.)
Minerva, ae: griech.: Pallas Athene, Göttin der Weisheit
Nasica, ae m.: Nasica, vornehmer Römer
Neptunus, i: griech.: Poseidon, Gott des Meeres
Nero, onis: Nero, römischer Kaiser, 54—68 n. Chr.
Norici, orum: die Bewohner von Norikum
Noricum, i: Norikum, römische Provinz an der Donau
Pannonia, ae: Pannonien, römische Provinz an der Donau, östlich von Norikum
Pannonii, orum: die Bewohner von Pannonien
Parthi, orum: die Parther, deren Reich sich bis zum Euphrat erstreckte
Pedanius, i: Pedanius, Männername
Philotimus, i: Philotimus, Name eines griechischen Freigelassenen
Plinius, i: C. Secundus Plinius, ca. 61—113 n. Chr., römischer Schriftsteller
Proserpina, ae: Proserpina, Tochter der Ceres (Demeter), griech.: Persephone, Göttin der Unterwelt
Punicus 3: punisch
Pyrenaeus saltus: Pyrenäen
Rea Silvia: Rea Silvia, Vestalin, geschwängert von Mars; Mutter von Romulus und Remus
Remus, i: Remus, Sohn der Rea Silvia und des Mars, Bruder des Romulus
Rhenus, i: Rhein
Romulus, i: Romulus, Sohn der Rea Silvia und des Mars, Bruder des Remus
Saguntum, i: *heute:* Sagunt, Stadt an der Ostküste Spaniens
Saguntini, orum: die Bewohner von Sagunt
Scipio, onis: Scipio, römischer Feldherr
Seneca, ae: L. Annaeus Seneca, Philisoph, Erzieher Neros
Sequani, orum: die Sequaner, gallisches Volk
Sicilia, ae: Sizilien, Insel im Süden Italiens
Socrates, is: Sokrates, 470—399 v. Chr., griechischer Philosoph in Athen
Stabiae, arum: Stabiä, Stadt in Kampanien
Tenedus, i f.: Tenedus, Insel vor Troja

Teurnia, ae: *heute:* St. Peter im Holz, ca. 5 km westlich von Spittal an der Drau (Kärnten)
Tiberinus, i: Tibergott
Tiberis, is m.: Tiber, Fluß, an dessen Ufern Rom liegt.
Titus, i: Titus, Sohn des Kaisers Vespasian, römischer Kaiser, 79—81 n. Chr.
Traianus, i: Trajan, römischer Kaiser, 98—117 n. Chr.
Troia, ae: Troja, Stadt in Kleinasien
Troianus 3: Adj. zu Troia
Ulixes, is: Odysseus, Sohn des Laertes, aus Ithaka
Venus, eris: griech.: Aphrodite, Göttin der Liebe und der Schönheit
Vergilius, P. Maro: Vergil, 70—19 v. Chr., römischer Dichter, Verfasser der Äneis
Vespasianus, i: Vespasian, römischer Kaiser, 69—79 n. Chr.
Vesuvius, i: Vesuv, Vulkan
Via Appia: wichtigste Straße von Rom über Capua und Benevent nach Brindisi (Hafenstadt an der Adria)
Vindobona, ae: *heute:* Wien
Virunum, i: Virunum, Stadt auf dem Zollfeld bei Klagenfurt (Kärnten)

Lateinisch-deutsches Vokabular

A

a, ab *(+ Abl.)* von, aus
abdo, 3, **-didi, -ditus** verbergen
se abdere sich verstecken
abeo, -ire, -ii, -itum weggehen
absum, -esse, afui entfernt sein, abwesend sein
accedo, 3, **-cessi, -cessum** hinzukommen
accipio 3, **-cepi, -ceptus** empfangen, nehmen
accurro 3, **-curri, -cursum** herbeieilen
acer, acris, acre scharf, erbittert
Achaia, ae f. Achaia
Achilles, is m. Achill
acies, ei f. Schlachtreihe, Schlacht
ad *(+ Akk.)* bei, zu, an
addo 3, **-didi, -ditus** hinzufügen, dazugeben
adfigo 3, **-fixi, -fixus** anheften
adimo 3, **-emi, -emptus** (weg)nehmen
adiuvo 1, **-iuvi, -iutus** *(+ Akk.)* helfen, unterstützen
administro 1 verwalten
admirabilis, e bewundernswert
admiratio, onis f. Bewunderung
admodum völlig, sehr
adoro 1 anbeten
adspicio 3, **-spexi, -spectus** anblicken, betrachten
adulescens, entis m. Jüngling
advenio 4, **-veni, -ventum** ankommen
adventus, us m. Ankunft
advoco 1 herbei-, anrufen
aedes, is f. Tempel, *Pl.:* Haus
aedificium, i n. Bau, Gebäude
aedifico 1 bauen, wiederaufbauen
aeger, gra, grum krank
Aeneas, ae m. Äneas
aestas, atis f. Sommer
aestimo 1 schätzen
magni aestimare hochschätzen
parvi aestimare geringschätzen
aetas, atis f. Zeit
aeternus 3 ewig
affectus 3 erfüllt, versehen
afficio, 3, **-feci, -fectus** in einen Zustand versetzen, erfüllen
Africa, ae f. Afrika
Agamemno, onis m. Agamemnon
ager, agri m. Acker, Feld
agito 1 hetzen, jagen, tun
ago 3, **egi, actus** tun, treiben, handeln
gratias agere danken
triumphum agere einen Triumph feiern
vitam agere das Leben verbringen
agricola, ae m. Bauer
agricultura, ae f. Ackerbau, Landwirtschaft
Albani, orum m. Pl. die Bewohner von Alba Longa
Alexander, dri m. Alexander
Alexandria, ae f. Alexandria
aliquando einmal
alius, alia, aliud (der) andere
alo 3, **alui, altus** (er)nähren
Alpes, ium f. Pl. die Alpen
altus 3 hoch, tief
ambulo 1 spazierengehen
amica, ae f. Freundin
amicus, i m. Freund
amitto 3, **-misi, -missus** verlieren
amoenus 3 reizend gelegen, hübsch
amo 1 lieben
amor, oris m. Liebe

amphitheatrum, i n. Amphitheater
amplus 3 weit, groß
Amulius, i m. Amulius
Anchises, ae m. Anchises
Androclus, i m. Androklus
angustiae, arum f. Pl. Enge
angustus 3 eng
animal, alis n. Tier, Lebewesen
animus, i m. Sinn
  in animo esse *(+ Dat.)* = **in animo habere** im Sinn haben
annus, i m. Jahr
anser, eris m. Gans
ante *(+ Akk.)* vor, *(Adv.)* vorher
antiquus 3 alt
antrum, i n. Höhle
aperio 4, **aperui, apertus** öffnen
apertus 3 offen
appareo 2 sich zeigen, erscheinen
appello 1 nennen
appello 3, **-puli, -pulsus** hintreiben; *pass.:* landen
apporto 1 herbeibringen, herbeischaffen
apud *(+ Akk.)* bei
aqua, ae f. Wasser
Aquileia, ae f. Aquileia
ara, ae f. Altar
arbitror 1 glauben, meinen
arbor, oris f. Baum
arceo 2, **-cui** abhalten, fernhalten
ardeo 2, **arsi, arsurus** brennen
area, ae f. Hof
arena, ae f. Arena
Ariovistus, i m. Ariovist
Aristodemus, i m. Aristodemus
arma, orum n. Pl. Waffen
Arminius, i m. Arminius
aro 1 pflügen
arx, arcis f. Burg
Ascanius, i m. Askanius
ascendo 3, **-scendi, -scensum** hinaufsteigen
Athenae, arum f. Pl. Athen
atrox, ocis schrecklich, furchtbar
attentus 3 aufmerksam
auctor, oris m. Stammvater
audeo 2, **ausus sum** wagen
audio 4, **-ivi, -itus** hören
augeo 2, **auxi, auctus** vermehren, vergrößern
Augustus, i m. Augustus *(römischer Kaiser)*
Augustus, i m. August(us) *(Vorname)*
auspicium, i n. Vogelschau, Vorzeichen
Austria, ae f. Österreich
aut oder
auxilium, i n. Hilfe
avis, is f. Vogel
avunculus, i m. Onkel
avus, i m. Großvater

B

barbarus, i m. Barbar
barbarus 3 fremd, ungebildet
basilica, ae f. Basilika, Gerichtshalle
beatus 3 glücklich
bellum, i n. Krieg
beneficium, i n. Wohltat
benignus 3 gütig, freundlich
bestia, ae f. wildes Tier
bonus 3 gut, trefflich, tüchtig (*Adv.:* **bene**)
brevis, e kurz
Brigantium, i n. Bregenz
Britanni, orum m. die Britannen
Britannia, ae f. Britannien
Brundisium, i n. Brindisi

C

caedo, 3, **cecidi, caesus** töten
caelum, i n. Himmel, Wetter, Klima

Caesar, aris, C. Iulius Gaius Julius Cäsar
Caesar, aris m. Kaiser
campus, i m. Feld
cano 3, **cecini, cantatus** singen
capio 4, **cepi, captus** fangen
Capitolinus 3 kapitolinisch
Capitolium, i n. Kapitol
captivus, i m. Gefangener
caput, itis n. Haupt, Hauptstadt
carcer, eris m. Kerker
careo 2, **-ui** *(+ Abl.)* entbehren
carmen, inis n. Gedicht, Lied
Carnuntum, i n. Carnuntum
Carthaginienses, ium m. Pl. die Karthager
Carthago, inis f. Karthago
carus 3 lieb, teuer
casa, ae f. Hütte
castra, orum n. Pl. Lager
Castra Batava, orum Passau
casus, us m. Fall, Zufall, Schicksalsschlag
Catilina, ae m. Catilina
celeber, bris, bre belebt, berühmt, gefeiert
celebro 1 feiern, preisen
Celeia, ae f. Cilli
celer, celeris, celere schnell
celeritas, atis f. Geschwindigkeit
Celtae, arum m. die Kelten
cena, ae f. Essen, Nachtmahl
ceno 1 essen
censeo 2, **censui** glauben, meinen
Ceres, eris f. Ceres
certamen, inis n. Wettstreit
certo 1 streiten, kämpfen, wetteifern
certus 3 sicher, bestimmt
ceteri 3 (die) übrigen
cibus, i m. Nahrung
Cicero, onis m. Cicero
cingo 3 **cinxi, cinctus** umgürten, umgeben
circensis, e Zirkus-
circum *(+ Akk.)* um
circumdo 1, **-dedi, -datus** umgeben
circumeo, -ire, -ii, -itum herumgehen
circus, i m. Zirkus
Circus Maximus Circus Maximus
civis, is m. Bürger
clades, is f. Niederlage, Verderben, Untergang
clamo 1 schreien
clarus 3 berühmt
coerceo 2, **-cui** zusammenhalten, in Ordnung halten, eindämmen, strafen
cognosco 3, **-gnovi, -gnitus** kennenlernen
cogo 3, **coegi, coactus** zwingen, (Truppen) zusammenziehen
collis, is m. Hügel
colloco 1 anlegen, errichten
colo 3, **colui, cultus** verehren, bebauen
comes, itis m. Begleiter
comis, e freundlich
comitas, atis f. Freundlichkeit
comitor 1 begleiten
committo 3, **-misi, -missus** zustande bringen, begehen
proelium committere die Schlacht beginnen
commotus 3 bewegt, gerührt
comparo 1 vorbereiten, vergleichen
complector 3, **complexus sum** umarmen
compleo 2, **-plevi, -pletus** er-, anfüllen
comporto 1 zusammentragen
comprehendo 3, **-prehendi, -prehensus** erfassen, ergreifen
conclamo 1 zusammenrufen
condo 3, **-didi, -ditus** gründen
confido 3, **-fisus sum** vertrauen
confirmo 1 bekräftigen
confiteor 2, **-fessus sum** bekennen, gestehen
conicio 3, **-ieci, -iectus** schleudern
coniungo 3, **-iunxi, -iunctus** verbinden

coniunx, coniugis f. Gattin
coniuro 1 sich verschwören
consecro 1 weihen, widmen
consentio 4, **-sensi, -sensum** übereinstimmen
considero 1 betrachten, beachten
consido 3, **-sedi** sich niederlassen
consilium, i n. Plan, Rat(sversammlung)
conspectus, us m. Anblick
conspicio 3, **-spexi, -spectus** erblicken
constans, antis standhaft
constantia, ae f. Standhaftigkeit
constat *(unpers.)* es steht fest
constituo 3, **-stitui, -stitutus** beschließen, festsetzen
consul, ulis m. Konsul
consulo 3, **-sului, -sultus** befragen
contendo 3, **-tendi, -tentus** kämpfen, eilen
contentus 3 zufrieden
continenter ununterbrochen
contra *(+ Akk.)* gegen
converto 3, **-verti, -versus** hinwenden, umwenden
conviva, ae m. Gast
copia, ae f. Menge
copiae, arum f. Pl. Truppen
cor, cordis n. Herz
Cornelia, ae f. Cornelia
Cornelius, i m. Cornelius
cornu, us n. Horn, Heeresflügel
corpus, oris n. Körper
corripio 3, **-ripui, -reptus** ergreifen, erfassen
cotidianus 3 täglich
cras morgen
credo 3, **-didi, -ditus** glauben, vertrauen
Cremona, ae f. Cremona
creo 1 zeugen, *(+ dopp. Akk.)* wählen zu
crimen, inis n. Verbrechen
crudelis, e grausam
cruentus 3 blutig
cruor, oris m. Blut
crus, cruris n. Unterschenkel
crux, crucis f. Kreuz
cubitum ire schlafen gehen
cultus, us m. Kultur, Kult, Bildung
cum *(inversum: + Ind. Perf.)* als
cum *(+ Abl.)* mit
cuncti 3 alle
cunctor 1 zögern
cupiditas, atis f. Wunsch, Verlangen
cupio 3, **-ivi, -itus** wünschen
cur? warum?
cura, ae f. Sorge
curia, ae f. Rathaus
curro 3, **cucurri, cursum** laufen
currus, us m. Wagen
cursus, us m. Lauf, Kurs
custodio 4, **-ivi, -itus** bewachen

D

damno 1 verurteilen
  capitis damnare zum Tode verurteilen
Danuvius, i m. Donau
de *(+ Abl.)* von, über
dea, ae f. Göttin
decem zehn
decerno 3, **-crevi, -cretus** beschließen
dedico 1 weihen
deditio, onis f. Unterwerfung, Kapitulation
dedo 3, **dedidi, deditus** hingeben, überlassen
  se dedere sich ergeben, kapitulieren
deduco 3, **-duxi, -ductus** (weg)führen
defendo 3, **-fendi, -fensus** verteidigen
deinde hierauf, dann
delecto 1 erfreuen
deleo 2, **delevi, deletus** zerstören
deliciae, arum f. Pl. Genüsse

deligo 3, **-legi, -lectus** auswählen
Delphi, orum m. Pl. Delphi
denique schließlich, endlich
depello 3, **-puli, -pulsus** vertreiben
descendo 3, **-scendi, -scensus** hinabsteigen
desiderium, i n. Sehnsucht
desidero 1 vermissen
desilio 4, **-silui** herabspringen
despero 1 verzweifeln
deturbo 1 vertreiben
deus, i m. Gott
devoveo 2, **-vovi, -votus** weihen
dico 3, **dixi, dictus** sagen
dicor 3 man sagt, daß ich . . .
Dido, onis f. Dido
dies, ei m. Tag
diffido 3, **-fisus sum** mißtrauen
dignus 3 *(+ Abl.)* würdig
diligens, entis fleißig, umsichtig
diligentia, ae f. Umsicht
diligo 3, **-lexi, -lectus** lieben
dimitto 3, **-misi, -missus** entsenden, entlassen
Dionysius, i m. Dionysius
discedo 3, **-cessi, -cessum** auseinandergehen, weggehen
displiceo 2, **-ui** mißfallen
disputo 1 sprechen
diu lange
dives, itis reich
Diviciacus, i m. Diviciacus (ein Häduer)
divitiae, arum f. Pl. Reichtum
do 1, **dedi, datus** geben
doceo 2, **docui, doctus** lehren, belehren
doleo 2, **-lui** betrübt sein, trauern
dolor, oris m. Schmerz
dolus, i m. List
domicilium, i n. Wohnsitz
dominus, i m. Herr
domus, us f. Haus
dono 1 schenken
donum, i n. Geschenk
dormio 4, **-ivi, -itum** schlafen
duco 3, **duxi, ductus** führen
dum *(+ Präs.)* während
duo zwei
duodecim zwölf
duritia, ae f. Härte
dux, ducis m. Führer, Feldherr

E

e, ex *(+ Abl.)* aus, von
edo 3, **edi, esus** essen
edo 3, **-didi, -ditus** hervorbringen
spectacula edere Spiele veranstalten
educo 1 erziehen
effigies, ei f. Statue, Bild
ego ich
egregius 3 besonders, hervorragend
elementa, orum n. Pl. Grundbegriffe
enim denn
Ennius, i Ennius
enumero 1 aufzählen
eo, ire, ii, itum gehen
epistula, ae f. Brief
eques, itis m. Reiter, Ritter
equitatus, us m. Reiterei
equus, i m. Pferd
erro 1 irren
error, oris m. Irrfahrt, Irrtum
eruptio, onis f. Ausbruch
et und
evado 3, **-vasi, -vasum** entkommen
evigilo 1 erwachen
excedo 3, **-cessi, -cessum** hinausgehen
e pueris excedere dem Kindesalter entwachsen

excidium, i n. Untergang
exemplar, aris n. Beispiel
exemplum i, n. Beispiel
exercitus, us m. Heer
existimo 1 glauben, meinen, *(+ dopp. Akk.)* halten für
expello 3, **-puli, -pulsus** vertreiben
expono 3, **-posui, -positus** aussetzen
expugno 1 erobern
exspecto 1 erwarten
exstruo 3, **-struxi, -structus** errichten
extremus 3 äußerster
exturbo 1 vertreiben

F

fabula, ae f. Geschichte, Erzählung
facilis, e leicht, **facile** *(Adv.)*
facio 3, **feci, factus** machen
factum, i n. Tat
fama, ae f. Ruf, Gerücht
familia, ae f. Familie
familiaris, e freundlich, freundschaftlich, vertraut
fatum, i n. Schicksal
Faustulus, i m. Faustulus
faveo 2, **favi, fautum** *(+ Dat.)* begünstigen
fecundus 3 fruchtbar
felix, icis glücklich
femina, ae f. Frau
fera, ae f. wildes Tier
fere fast, beinahe
ferox, ocis wild
fertur *(+ NcI)* man sagt, daß . . .
ferus 3 wild
festus 3 festlich
fides, ei f. Treue, Vertrauen
fidus 3 treu, verläßlich
filia, ae f. Tochter
filius, i m. Sohn
fingo 3, **finxi, fictus** erfinden, erdichten
finis, is m. Grenze, Ende
finitimus, i m. Nachbar
firmus 3 fest, stark
flamma, ae f. Flamme
Flavius, i m. Flavius
floreo 2, **-ui** blühen, angesehen sein, berühmt sein
flos, floris m. Blume
fluctus, us m. Welle, Woge
flumen, inis n. Fluß
fluvius, i m. Fluß
forma, ae f. Form, Gestalt
fortis, e tapfer
fortuna, ae f. Schicksal; *Pl.:* Hab und Gut
forum, i n. Forum
frater, tris m. Bruder
frumentum, i n. Getreide
fuga, ae f. Flucht
fugio 3, **fugi, fugiturus** flüchten
fugo 1 in die Flucht treiben

G

Gaius, i m. Gaius
Galli, orum m. die Gallier
Gallia, ae f. Gallien
Gallicus 3 gallisch
gallus, i m. Hahn
gaudeo 2, **gavisus sum** sich freuen
gaudium, i n. Freude
gemini, orum m. Pl. Zwillinge
gens, gentis f. Geschlecht, Stamm
genus, eris n. Geschlecht
Germani, orum m. die Germanen
Germania, ae f. Germanien
gero 3, **gessi, gestus** führen
  bellum gerere Krieg führen

gladiator, oris m. Gladiator
gloria, ae f. Ruhm
Graeci, orum m. die Griechen
Graecia, ae f. Griechenland
Graeculus, i m. kleiner Grieche
gratia, ae f. Dank, Gunst, Einfluß
  gratiam habere Dank wissen, dankbar sein
  gratias agere danken
gravis, e schwer
gubernator, oris m. Steuermann

H

habeo 2, **-ui, -itus** haben, *(+ dopp. Akk.)* halten für
habito 1 wohnen
Haedui, orum m. die Häduer
Hannibal, alis m. Hannibal
hasta, ae f. Lanze
Hector, oris m. Hektor
Helena, ae f. Helena
Helvetii, orum m. die Helvetier
hiberna, orum n. Pl. Winterlager
hic, haec, hoc dieser, diese, dieses
hodie heute
homo, inis m. Mensch
honos, oris m. Ehre
hora, ae f. Stunde
horreum, i n. Scheune
hortus, i m. Garten
hostis, is m. Feind
humanitas, atis f. Menschlichkeit
humilis, e niedrig
humus, i f. Erde, Boden

I

iacto 1 hin- und herschleudern
iam schon
  non iam nicht mehr
idem, eadem, idem der-, die-, dasselbe
ignis, is m. Feuer
ignobilis, e unbekannt
ignoro 1 nicht wissen
  non ignoro 1 wissen
ignosco 3, **-novi** verzeihen
ignotus 3 unbekannt
ille, illa, illud jener, jene, jenes
illuc dorthin
immodicus 3 maßlos
immolo 1 opfern
impello 3, **-puli, -pulsus** veranlassen
imperator, oris m. Feldherr, Kaiser, Befehlshaber
imperium, i n. Reich, Herrschaft, Befehl
impetus, us m. Ansturm, Angriff
in *(+ Abl. wo?)* in, auf, an
in *(+ Akk. wohin?)* nach, in, auf
incendium, i n. Brand
incendo 3, **-cendi, -census** anzünden
incipio 3 **(-cepi, -ceptus)** beginnen
incito 1 antreiben, anfeuern, reizen
incola, ae m. Bewohner
incolo 3, **-colui, -cultus** (be)wohnen
incolumis, e wohlbehalten, unversehrt
incredibilis, e unglaublich
industria, ae f. Fleiß
infans, antis m. (kleines) Kind
infelix, icis unglücklich
ingenium, i n. Talent, Begabung, Anlage, Wesen
ingens, entis groß, gewaltig
inimicus, i m. Feind
inimicus 3 feindlich (gesinnt)
initium, i n. Beginn, Anfang
iniuria, ae f. Unrecht, Ungerechtigkeit
inopia, ae f. Mangel, Not

inscius 3 unwissend
insidiae, arum f. Pl. Hinterhalt
instituo 3, **-stitui, -stitutus** einrichten, ordnen, unterweisen
intellego 3, **-lexi, -lectus** erkennen, wahrnehmen
inter *(+ Akk.)* zwischen, unter
interficio 3, **-feci, -fectus** töten
interrogo 1 fragen
intersum, -esse, -fui *(+ Dat.)* beiwohnen
intra *(+ Akk.)* innerhalb
intro 1 betreten
invenio 4, **-veni, -ventum** finden
invideo 2, **-vidi, -visum** *(+ Dat.)* beneiden
invito 1 einladen
iocosus 3 scherzhaft
ipse, ipsa, ipsum er, sie, es selbst
iratus 3 erzürnt
is, ea, id dieser, diese, dieses; er, sie, es
iste, ista, istud dieser (da), diese (da), dieses (da)
ita so
Italia, ae f. Italien
itaque deshalb
iter, itineris n. Weg, Reise
iterum wiederum
iubeo 2, **iussi, iussus** *(+ Akk.)* befehlen
iucundus 3 angenehm
Iudaei, orum m. die Juden
Iugurtha, ae m. Jugurtha
Iulia, ae f. Julia
Iuppiter, Iovis m. Jupiter
Iuppiter Optimus Maximus *(römischer Staatsgott)*
iuro 1 schwören
iussu auf Befehl
iustitia, ae f. Gerechtigkeit
iustus 3 gerecht
iuvenis, is m. Jüngling

L

labor, oris m. Arbeit, Mühe
laboro 1 arbeiten, in Not sein
lacus, us m. See
laetitia, ae f. Freude
laetor 1 sich freuen
lambo 3 lecken
Laocoon, ontis m. Laokoon
Lar, Laris m. Lar
Larentia, ae f. Larentia
largior 4 (reichlich) spenden, schenken
latebrae, arum f. Pl. Versteck
Latinus 3 lateinisch
Latium, i n. Latium
latus 3 breit
laudo 1 loben
Lauriacum, i n. Lorch
laus, laudis f. Lob
legatus, i m. Statthalter, Unterfeldherr
legio, onis f. Legion
legionarius, i m. Legionssoldat
lego 1 vermachen
lego 3, **legi, lectus** lesen, wählen, sammeln, pflücken
Lentia, ae f. Linz
leo, onis m. Löwe
levatus 3 erleichtert
lex, legis f. Gesetz
libenter gern
liber, era, erum frei
liber, libri m. Buch
liberi, orum m. Pl. Kinder
libero 1 befreien *(+ Abl.)* von
libertas, atis f. Freiheit
Libya, ae f. Libyen
ligneus 3 hölzern
limen, inis n. Schwelle
lingua, ae f. Sprache, Zunge

littera, ae f. Buchstabe
litterae, arum f. Pl. Brief, Wissenschaft, Literatur
litus, oris n. Küste
locus, i m. Ort, Platz
longe *(Adv.)* bei weitem
longus 3 lang, weit
Lucius, i m. Lucius
ludo 3, **lusi, lusum** spielen
ludus, i m. Spiel
Lugdunum, i n. Lyon
lupa, ae f. Wölfin

M

machina, ae f. Belagerungsmaschine, Kriegsgerät
magis mehr
magister, tri m. Lehrer
magistratus, us m. Beamter, Amt
magnificentia, ae f. Pracht, Prunk
magnificus 3 großartig, prächtig
magnitudo, inis f. Größe
magnus 3 groß
maiores, um m. Pl. Vorfahren, Ahnen
malus 3 schlecht
mane frühmorgens
maneo 2, **mansi, mansurus** bleiben
manus, us f. Hand, Schar
Marcomanni, orum m. die Markomannen
mare, is n. Meer
maritus, i m. Gatte
Mars, Martis m. Mars
Massilia, ae f. Marseille
mater, tris f. Mutter
medius 3 mittlere, in der Mitte
membrum, i n. Körperteil, Glied
memor, oris *(+ Gen.)* eingedenk
  memor esse denken an
Menelaus, i m. Menelaos
Menenius Agrippa m. Menenius Agrippa
mensa, ae f. Tisch
meridies, ei m. Mittag, Süden
metus, us m. Angst, Furcht
meus 3 mein
Micipsa, ae m. Micipsa
migro 1 reisen
miles, itis m. Soldat
mille tausend
  duo milia zweitausend
Miltiades, is m. Miltiades
Minerva, ae f. Minerva
minime keineswegs, nein
minister, tri m. Diener
mirabilis, e bewundernswert
miser, era, erum arm, elend
miseria, ae f. Leid, Unglück; *Pl.:* Unglücksfälle
misericordia, ae f. Mitleid
mitto 3, **misi, missus** schicken
modus, i m. Maß, Art, Weise
moenia, ium n. Pl. Mauern
moneo 2, **-ui, -itus** ermahnen
mons, montis m. Berg
monstro 1 zeigen
monumentum, i n. Denkmal, Grabmal
mors, mortis f. Tod
mos, moris m. Sitte, Gewohnheit
motus, us m. Bewegung
  terrae motus Erdbeben
moveo 2, **movi, motus** bewegen
multi 3 viele
multitudo, inis f. Menge
multo um vieles
municipium, i n. Munizipalstadt
munio 4, **-ivi, -itus** befestigen
murus, i m. Mauer

N

nam denn, nämlich
narro 1 erzählen
Nasica, ae m. Nasica
natus 3 *(+ Abl.)* stammend aus, geboren von
natus, i m. *(+ Abl.)* Sohn (des, der)
nauta, ae m. Seemann, Schiffer, Matrose
navigo 1 (mit dem Schiff) fahren
navis, is f. Schiff
-ne *(Fragepartikel) (bleibt unübersetzt)*
-ne — an ∅ — oder
necessarius 3 notwendig
neco 1 töten
nemo niemand
Neptunus, i m. Neptun
neque und nicht
neque — neque weder — noch
Nero, onis m. Nero
nescio 4, **-ivi, -itum** nicht wissen
nihil nichts
Nilus, i m. Nil
nisi wenn nicht, *(nach Verneinung)* außer
nobilis, e vornehm
nobilitas, atis f. Adel, Vornehmheit
nomen, inis n. Name
nomino 1 benennen
non nicht
  non solum — sed etiam nicht nur — sondern auch
nonne *(Fragepartikel)* nicht, nicht wahr
nonnulli 3 manche
nonnumquam manchmal
Norici, orum m. die Noriker
Noricum, i n. Norikum
nos wir
nosco 3, **novi, notus** kennenlernen, erfahren
noster, tra, trum unser
novus 3 neu
nox, noctis f. Nacht
nubes, is f. Wolke
nubo 3, **nupsi, nupturus** *(+ Dat.)* heiraten
nullus 3 kein
num *(Fragepartikel)* etwa
numerus, i m. Zahl
nunc jetzt
nuntio 1 melden, berichten
nuntius, i m. Bote, Nachricht
nuptiae, arum f. Pl. Hochzeit
nuptialis, e Hochzeits-
nux, nucis f. Nuß

O

ob *(+ Akk.)* wegen
observo 1 beobachten, beachten
obses, sidis m. Geisel
obtempero 1 gehorchen
occido 3, **-cidi** zugrundegehen, sterben
occupo 1 besetzen
oculus, i m. Auge
odium, i n. Haß
olim einst
omnis, e ganz, jeder; *Pl.:* alle
opes, um f. Pl. Macht, Reichtum
oportet *(unpers.: + Inf. oder AcI)* es ist notwendig, daß . . .
oppidum, i n. Stadt
opprimo 3, **-pressi, -pressus** bedrängen, unterdrücken
oppugno 1 belagern
optimus 3 bester
oraculum, i n. Orakel
oratio, onis f. Rede
orator, oris m. Redner
orbis, is m. (Erd-)Kreis
ordo, inis m. Rang, Ordnung, Stand

orno 1 schmücken
oro 1 beten
ostendo 3, **-tendi, -tentaturus** zeigen
ovis, is f. Schaf

P

paco 1 unterwerfen
palma, ae f. Hand
Pannonia, ae f. Pannonien
Pannonii, orum m. die Pannonier
parco 3, **peperci** *(+ Dat.)* schonen
parentes, um m. Pl. Eltern
pareo 2, **-ui** gehorchen
Paris, idis m. Paris
paro 1 vorbereiten
pars, partis f. Teil
Parthi, orum m. die Parther
parvulus 3 (winzig) klein
parvus 3 klein
pastor, oris m. Hirte
pater, tris m. Vater
patientia, ae f. Geduld, Ausdauer
patior 3, **passus sum** erdulden, erleiden
patria, ae f. Heimat, Vaterland
patricius 3 patrizisch
pauci 3 wenige
paulatim allmählich
paulo ante kurz zuvor
paulo post kurz danach
Paulus, i m. Paulus
pauper, eris arm
pax, pacis f. Friede
Pedanius, i m. Pedanius
peditatus, us m. Fußvolk, Fußsoldaten, Infanterie
pello 3, **pepuli, pulsus** vertreiben, stoßen
per *(+ Akk.)* durch, innerhalb von
percurro 3, **-curri, -cursum** durcheilen
percutio 3, **-cussi, -cussus** durchbohren
perfugus, i m. Überläufer
periculosus 3 gefährlich
periculum, i n. Gefahr
peritia, ae f. Erfahrung
pernicies, ei f. Verderben
persuadeo 2, **-suasi, -suasum** *(+ Dat.)* überreden
perterreo 2, **-ui, -itus** erschrecken
pertinet 2, **-uit** sich erstrecken, betreffen
perturbo 1 vertreiben
pervenio 4, **-veni, -ventum** gelangen
pes, pedis m. Fuß
peto 3, **petivi, petitus** anstreben, angreifen, **(+ a, ab)** bitten
Philotimus, i m. Philotimus
pietas, atis f. Gottesfurcht, Liebe, Ehrfurcht
pius 3 fromm, gottesfürchtig
placeo 2, **-ui** gefallen
placo 1 versöhnen
plebs, plebis f. Volk
Plinius, i m. Plinius
Plotius, i m. Plotius
plus mehr
poeta, ae m. Dichter
pomum, i n. Obstfrucht; *Pl.:* Obst
pomus, i f. Obstbaum
poena, ae f. Strafe
pono 3, **posui, positus** setzen, legen, stellen, errichten
populor 1 verwüsten
populus, i m. Volk
porta, ae f. Tor
porticus, us f. Säulenhalle
porto 1 bringen, tragen
possideo 2, **-sedi, -sessum** besitzen
possum, potes, posse, potui können
post *(+ Akk.)* nach, hinter

post *(nachgestellt)* später
postquam *(+ Perf.)* nachdem
postulo 1 fordern
potens, entis mächtig
potius eher
praebeo 2, **-ui, -itus** darbieten
praeclarus 3 hochberühmt
praeda, ae f. Beute
praedium, i n. Landgut
praeeo, -ire, -ii, -itum vorausgehen
praesidium, i n. Schutz
praesum, -esse, -fui *(+ Dat.)* vorstehen, befehligen
praeter *(+ Akk.)* an . . . vorbei, außer
pratum, i n. Wiese
premo 3, **pressi, pressus** drücken, pressen, bedrängen
pretium, i n. Preis
Priamus, i m. Priamus
primum zuerst
primus 3 erster
prior, prius früherer
priscus 3 alt, ehrwürdig
privatus, i m. Privatmann
privatus 3 privat
pro *(+ Abl.)* für, anstelle von
proconsul, ulis m. Prokonsul
prodo 3, **-didi, -ditus** verraten, überliefern
proelium, i n. Schlacht
proficiscor 3, **-fectus sum** aufbrechen, reisen
prohibeo 2, **-ui, -itus** abhalten, verhindern
promitto 3, **-misi, -missus** versprechen
propago 1 erweitern, ausdehnen
prope *(+ Akk.)* nahe, in der Nähe
propero 1 eilen
propter *(+ Akk.)* wegen
Proserpina, ae f. Proserpina
protego 3, **-texi, -tectus** schützen, decken
provincia, ae f. Provinz
prudens, entis klug
prudentia, ae f. Klugheit
publicus 3 öffentlich
puella, ae f. Mädchen
puer, eri m. Knabe
e pueris von Kindheit an
pueritia, ae f. Kindheit
pugna, ae f. Schlacht, Kampf
pugno 1 kämpfen
pulcher, chra, chrum schön
pulchritudo, inis f. Schönheit
Punicus 3 punisch
puppis, is f. Hinterdeck, Schiff
puto 1 glauben, meinen, *(+ dopp. Akk.)* halten für

QU

Quadi, orum m. die Quaden
quaero 3, **quaesivi, quaesitus** suchen, **(+ a, ab)** fragen
quam *(+ Adj. oder Adv.)* wie, *(nach Komparativ)* als, *(vor Superlativ)* möglichst
quamquam obwohl
quando? wann?
quantus 3 (?) wie groß (?)
quare? warum?
-que *(enklitisch)* und
qui, quae, quod *(relativ)* der, die, das; *(interrog.)* welcher, welche, welches
quidem wohl
quiesco 3, **quievi, quietus** ruhen, zur Ruhe kommen
quindecim fünfzehn
Quintus, i m. Quintus
quis?, quid? wer?, was?
quo? wohin?
quod *(faktisch)* was das betrifft, daß; daß, weil
quomodo? wie?, auf welche Weise?

quoque auch
quotannis jährlich

R

raeda, ae f. Wagen
Raetia, ae f. Rätien
rapio 3, **rapui, raptus** rauben
Rea Silvia f. Rea Silvia
recognosco 3, **-gnovi, -gnitus** wiedererkennen
recreo 1 wiederherstellen, *(refl.),* sich erholen
rectus 3 richtig
reddo 3, **-didi, -ditus** zurückgeben
redeo, -ire, -ii, -itum zurückkehren
redigo 3, **-egi, -actus** (in einen Zustand) bringen
  in servitutem redigere versklaven
regina, ae f. Königin
regio, onis f. Gebiet
regius 3 königlich
regno 1 (be)herrschen
regnum, i n. Königreich
rego 3, **rexi, rectus** regieren, lenken, leiten
regulus, i m. Fürst
relinquo 3, **-liqui, -lictus** ver-, zurücklassen
removeo 2, **-movi, -motus** entfernen, beseitigen
remotus 3 entfernt, entlegen
Remus, i m. Remus
renovo 1 erneuern
repello 3, **reppuli, repulsus** zurückdrängen, zurückschlagen
reperio 4, **repperi, repertus** finden
reprimo 3, **-pressi, -pressus** zurückdrängen, unterdrücken
res, rei f. Sache, Ding
  res adversae Unglück
  res secundae Glück
respondeo 2, **-spondi, -sponsum** antworten
res publica, rei publicae f. Staat
restituo 3, **-stitui, -stitutus** wiederherstellen, wiederaufbauen
revertor 3, **reverti, reversus** zurückkehren
rex, regis m. König
Rhenus, i m. Rhein
rideo 2, **risi, risum** lachen
ridiculus 3 lächerlich
ripa, ae f. Ufer
ritus, us m. Ritus, Brauch
Roma, ae f. Rom
Romani, orum m. die Römer
Romanus 3 römisch
Romulus, i m. Romulus
rosa, ae f. Rose
rus, ruris n. Land
rusticus 3 ländlich

S

sacerdos, otis m. Priester
sacrifico 1 opfern
saeculum, i n. Jahrhundert
saepe oft
saevio 4, **-vivi, -vitum** toben, rasen
Saguntini, orum m. die Bewohner von Sagunt
saltus, us m. Waldgebirge
  saltus Pyrenaeus die Pyrenäen
salus, utis f. Gruß, Rettung
saluto 1 grüßen
sanctus 3 heilig
sanguis, inis m. Blut
sapiens, entis weise
scio 4, **scivi, scitum** wissen
Scipio, onis m. Scipio
scribo 3, **scripsi, scriptus** schreiben
scriptor, oris m. Schriftsteller

secundus 3 glücklich, zweiter
sed aber, sondern
sedeo 2, **sedi, sessum** sitzen
semper immer
senatorius 3 senatorisch
senatus, us m. Senat
Seneca, ae m. Seneca
sentio 4, **sensi, sensum** fühlen, ahnen, merken
Sequani, orum m. die Sequaner
serenus 3 heiter
Servianus, i m. Servianus
servitus, utis f. Sklaverei
servo 1 retten, bewahren
servus, i m. Sklave
severitas, atis f. Strenge
si wenn
sic so
Sicilia, ae f. Sizilien
silva, ae f. Wald
similis, e ähnlich
simulacrum, i n. Bild
sine *(+ Abl.)* ohne
singularis, e einzigartig
situs 3 gelegen
socius, i m. Gefährte, Verbündeter
Socrates, is m. Sokrates
sol, solis m. Sonne
soleo 2, **solitus sum** pflegen, gewohnt sein
solitudo, inis f. Einsamkeit
solus 3 *(pron. Dekl.)* allein
solvo 3, solvi, solutus lösen
soror, oris f. Schwester
spargo 3, **sparsi, sparsurus** besprengen, (aus)streuen
Sparta, ae f. Sparta
spectaculum, i n. Spiel
specto 1 (an)schauen
spelunca, ae f. Höhle
spero 1 hoffen
spes, spei f. Hoffnung
spolia, orum n. Pl. Rüstung, Beute
sponsus, i m. Verlobter
Stabiae, arum f. Pl. Stabiä
stabulum, i n. Stall
statim sofort, sogleich
statua, ae f. Statue
statura, ae f. Gestalt
status 3 bestimmt
stilus, i m. Griffel
stipendia pendere Abgaben leisten
strenuus 3 tapfer
studeo 2, **-ui** *(+ Dat.)* sich beschäftigen mit, betreiben
(+ Inf.) trachten, sich bemühen, versuchen
studium, i n. Eifer, Begeisterung
sub *(+ Akk. wohin?)* unter
sub *(+ Abl. wo?)* unter
subigo 3, **-egi, -actus** unterwerfen
succurro 3, **-curri, -cursum** zur Hilfe eilen
sui, sibi seiner (ihrer), sich
sum, esse, fui sein
summus 3 höchster
super *(+ Akk.)* oberhalb, über
superior, ius höher (gelegen), oberer
supero 1 besiegen, siegen
suus 3 sein, ihr

T

talis, e solcher, so beschaffen
tamen dennoch
tantus 3 so groß
taurus, i m. Stier
telum, i n. Geschoß
templum, i n. Tempel
tempus, oris n. Zeit

Tenedus, i f. Tenedus
teneo 2, **-ui** halten
termino 1 begrenzen
terra, ae f. Erde, Land
terreo 2, **-ui, -itus** erschrecken
tertius 3 dritter
Tiberinus, i m. Tiberinus
Tiberis, is m. Tiber
timeo 2, **-ui** fürchten
timor, oris m. Furcht, Angst
titulus, i m. Inschrift, Aufschrift
Titus, i m. Titus *(römischer Kaiser; Vorname)*
tollo 3, **sustuli, sublatus** erheben, beseitigen
torreo 2, **torrui, tostus** rösten, braten
totus 3 *(pron. Dekl.)* ganz
trado 3, **-didi, -ditus** überliefern
traho 3, **traxi, tractus** ziehen
trans *(+ Akk.)* jenseits
transcendo 3, **-scendi, -scensus** übersteigen, überschreiten
transeo, -ire, -ii, -itus hinübergehen
transporto 1 herbei-, hinüberschaffen
transsulto 1 hinüberspringen
tres, tria drei
tribunus, i m. (Militär-)Tribun
triennium, i n. drei Jahre
triumphus, i m. Triumph
tristis, e traurig
Troes, um m. die Troer
Troia, ae f. Troja
Troiani, orum m. die Trojaner
Troianus 3 trojanisch
tu du
tum damals, da
turris, is f. Turm
tutus 3 **(a)** sicher (vor)
tuus 3 dein
tyrannus, i m. Herrscher, Tyrann

U

uber, eris n. Euter, Zitze
  ubera praebere säugen
ubi? wo?, *(+ Perf.)* sobald
ubique überall
Ulixes, is m. Odysseus
umbra, ae f. Schatten
umquam jemals
una cum *(+ Abl.)* zusammen mit
unde? woher?, von wo
unus 3 *(pron. Dekl.)* ein
urbs, urbis f. Stadt
ursus, i m. Bär
usque ad *(+ Akk.)* bis zu
ut wie
utrum — an *(dir. Fragesatz)* Ø — oder
uxor, oris f. Gattin

V

vacca, ae f. Kuh
vagor 1 streifen, umherziehen
valde sehr
valeo 2, **-ui** stark sein, gesund sein, vermögen
  vale! sei gegrüßt!
vasto 1 verwüsten, zerstören
vehor, -i, vectus sum fahren
venatio, onis f. Tierhetze, Jagd
venator, oris m. Jäger
venio 4, **veni, ventum** kommen
venor 1 jagen
venter, tris m. Magen
ventus, i m. Wind
Venus, eris f. Venus
verbera, um f. Pl. Schläge, Hiebe
verbero 1 schlagen
verbum, i n. Wort

vereor 2 fürchten
Vergilius, i m. Vergil
verus 3 wahr
Vespasianus, i m. Vespasian
vesper, eri m. (*Abl.:* **vespere**) Abend
Vestalis, is f. Vestalin
vester, tra, trum euer
Vesuvius, i m. Vesuv
veto 1, **vetui, vetitus** *(+ Akk.)* verbieten
vetus, eris alt
via, ae f. Straße, Weg
via Appia Via Appia
victor, oris m. Sieger; *adj.:* siegreich
vicus, i m. Dorf
video 2, **vidi, visus** sehen
videor 2 scheinen
villa, ae f. Landhaus, Villa
vinco 3, **vici, victus** (be)siegen
Vindobona, ae f. Wien
vinea, ae f. Weingarten
vir, i m. Mann
virtus, utis f. Tugend, Tapferkeit, gute Eigenschaft
vis, vim, vi f. Kraft, Gewalt, Macht; *Pl.:* **vires, ium:** Streitkräfte
visito 1 besuchen
vita, ae f. Leben
vitam agere das Leben verbringen
vivo 3, **vixi, victurus** leben
vivus 3 lebend
vix kaum, mit Mühe
voco 1 rufen
vos ihr
vox, vocis f. Stimme
vulneratus 3 verletzt, verwundet
vulpes, is f. Fuchs

Deutsch-lateinisches Vokabular

A

Abend, der vesper, eri m.
aber autem *(nachgestellt)*, sed
abhalten prohibeo 2, arceo 2
Acker, der ager, agri m.
Aguntum *(bei Lienz)* Aguntum, i n.
Alexander Alexander, dri m.
alle cuncti 3, omnes, omnia
allein solus 3 *(pron. Dekl.)*
als *(nach Komparativ)* quam
am meisten admodum, maxime
Amulius Amulius, i m.
an ad + *Akk.*
andere alius, a, ud
Äneas Aeneas, ae m.
arbeiten laboro 1
Ariovist Ariovistus, i m.
Athen Athenae, arum f. Pl.
auch quoque *(nachgestellt)*, etiam
auf in + *Abl.*
Augustus Augustus, i m.
aussetzen expono 3

B

Bär, der ursus, i m.
Barbar, der barbarus, i m.
Bauer, der agricola, ae m.
Baum, der arbor, oris f.
Beamte, der magistratus, us m.
befehligen praesum, -esse + *Dat.*
begrüßen saluto 1
behindern impedio 4
bei apud + *Akk.*
beide duo
belagern oppugno 1
belehren doceo 2
bemühen, sich studeo 2 + *Inf.*
beredt eloquens, entis
bereiten paro 1
berühmt clarus 3, nobilis, e
besetzen occupo 1
besichtigen visito 1, specto 1
besiegen supero 1, vinco 3
bestrafen punio 4
besuchen visito 1
betrachten specto 1
Bewohner, der incola, ae m.
bleiben maneo 2
Blume, die flos, floris m.
Brand, der incendium, i n.
breit latus 3
bringen porto 1
Brundisium Brundisium, i n.
Buch, das liber, libri m.

C

Cäsar Caesar, aris m.
Cicero Cicero, onis m.
Claudia Claudia, ae f.
Cornelia Cornelia, ae f.

D

Dank, der gratia, ae f.
 Dank wissen gratiam habere
dein tuus 3
denken an memor esse + *Gen.*
der, die, das *(rel.)* qui, quae, quod
dicht densus 3

Dichter, der poeta, ae m.
Dienst, der officium, i n.
Donau Danuvius, i m.
Dorf, das vicus, i m.
du tu

E

Eifer, der studium, i n.
eifrig studiosus 3, diligens, entis
eilen propero 1
einige nonnulli 3
emporsteigen ascendo 3
entfachen excito 1
entkommen evado 3
er is
erfahren cognosco 3
erfreuen, sich delector 1, gaudeo 2
ermahnen moneo 2
errichten aedifico 1
erschrecken terreo 2
erwarten exspecto 1
erzählen narro 1
erziehen educo 1
es id
Essen, das cena, ae f.
etwa num

F

fahren (mit dem Schiff) navigo 1
fangen capio 3
Faustulus Faustulus, i m.
feiern celebro 1
Feind, der inimicus, i m., hostis, is m.
Feldherr, der dux, ducis m., imperator, oris m.
fernhalten arceo 2, prohibeo 2
Flamme, die flamma, ae f.
Fleiß, der industria, ae f.
Fluß, der fluvius, i m., flumen, inis n.
Frau, die femina, ae f.
frei liber, era, erum
Freund, der amicus, i m.
führen duco 3
  Krieg führen bellum gerere
fürchten timeo 2

G

Garten, der hortus, i m.
Gattin, die uxor, oris f.
geben do 1
Gefahr, die periculum, i n.
gefallen placeo 2
Gegner, der adversarius, i m.
gehorchen obtempero 1, pareo 2
Geisel, die obses, sidis m.
  Geiseln stellen obsides dare
gelegen situs 3
Germanen, die Germani, orum m.
Geschichte, die fabula, ae f.
glücklich beatus 3, felix, icis
Gott, der deus, i m.
Griechen, die Graeci, orum m.
groß magnus 3
Großvater, der avus, i m.
gründen condo 3
gut bonus 3

H

Hand, die manus, us f.
handeln ago 3
Haus, das domus, us f., villa, ae f.
Heer, das exercitus, us m.
Heeresflügel, der cornu, us n.
Heimat, die patria, ae f.

Hektor Hector, oris m.
hierauf *(Adv.)* deinde
Hilfe, die auxilium, i n.
Hirte, der pastor, oris m.
hoch altus 3
höchste summus 3
hören audio 4

I

ich ego
ihr *(Personalpron.)* vos
immer semper
in *(wo?)* in + *Abl.*
Italien Italia, ae f.

J

Jahr, das annus, i m.
jenseits trans + *Akk.*
jetzt nunc
Julia Iulia, ae f.

K

kämpfen pugno 1
kennen, nicht ignoro 1
Kinder, die liberi, orum m.
klug prudens, entis
kommen venio 4
König, der rex, regis m.
krank aeger, gra, grum
Krieg, der bellum, i n.
  Krieg führen bellum gerere
kriegserfahren belli peritus 3
Kriegserfahrung, die belli peritia
Kuh, die vacca, ae f.

L

Lager, das castra, orum n. Pl.
Land, das terra, ae f., rus, ruris n.
Landhaus, das villa, ae f.
lange *(Adv.)* diu
Larentia Larentia, ae f.
laufen curro 3
leben vitam ago 3, vivo 3
lehren doceo 2
Lehrer, der magister, tri m.
Lehrerin, die magistra, ae f.
leicht facilis, e
lenken rego 3
lesen lego 3
Liebe, die amor, oris m.
lieben amo 1, diligo 3
loben laudo 1
Lorch Lauriacum, i n.
Lucius Lucius, i m.

M

Mädchen, das puella, ae f.
Mann, der vir, i m.
mehr *(Adv.)* magis
mein meus 3
mit cum + *Abl.*

N

nach in + *Akk.*, post + *Akk.*
nachdem postquam + *Ind. Perf.*
Neapel Neapolis, is f.
nennen appello 1, nomino 1
neun novem
nicht non
nicht (wahr) nonne
nie(mals) numquam

niemand nemo
Norikum Noricum, i n.

O

Obstbaum, der pomus, i f.
oder aut, vel, *(in der Doppel- oder Wahlfrage)* utrum — an
oft saepe

P

Pannonien Pannonia, ae f.
Passau Castra Batava, orum n. Pl.
Pferd, das equus, i m.
pflegen soleo 2 + *Inf.*
pflücken lego 3
preisen celebro 1
Provinz, die provincia, ae f.

R

regieren *(trans.)* rego 3
Reich, das regnum, i n.
reisen migro 1
Reiterei, die equitatus, us m.
Remus Remus, i m.
retten servo 1
richtig rectus 3
Rom Roma, ae f.
Römer, die Romani, orum m.
römisch Romanus 3
Romulus Romulus, i m.
rufen voco 1
ruhmbegierig gloriae cupidus 3

S

sagen dico 3
Säulenhalle, die porticus, us f.
schicken mitto 3
schlafen dormio 4
schnell celer, celeris, celere
schon iam
schön pulcher, chra, chrum
schweigen taceo 2
schwer gravis, e
segeln navigo 1
Segomarus Segomarus, i m.
sehen video 2
sehr valde
sei gegrüßt vale
sein *(Possessivpron.)* suus 3
sein *(Hilfszeitwort)* esse
Sequaner, die Sequani, orum m.
Servianus Servianus, i m.
sicherlich certe
sie ea
singen cano 3
sitzen sedeo 2
Sizilien Sicilia, ae f.
Sohn, der filius, i m.
Soldat, der miles, itis m.
Sommer, der aestas, atis f.
den Sommer verbringen aestatem agere
spazierengehen ambulo 1
Speer, der hasta, ae f.
Spiel, das ludus, i m.
Staat, der res publica, rei publicae f.
Stadt, die oppidum, i n., urbs, urbis f.
Stall, der stabulum, i n.
Statthalter, der legatus, i m.
Stunde, die hora, ae f.

T

Tag, der dies, ei m.
tapfer fortis, e
Tat, die factum, i n.

Tempel, der templum, i n.
Teurnia Teurnia, ae f.
Titus Titus, i m.
töten neco 1
Trajan Traianus, i m.
Troja Troia, ae f.
Trojaner, die Troiani, orum m.
trojanisch Troianus 3

U

über de + *Abl.*
Ufer, das ripa, ae f.
und et
unser noster, tra, trum
unterstützen adiuvo 1

V

Vater, der pater, tris m.
verletzen vulnero 1
vermissen desidero 1
vernichten deleo 2, vasto 1
Vers, der versus, us m.
versuchen studeo 2 + *Inf.*
verteidigen defendo 3
vertreiben deturbo 1
verwalten administro 1
verweigern nego 1
viel(es) muita n. Pl.
viele multi 3
Virunum Virunum, i n.
Vogel, der avis, is f.
Volk, das populus, i m.
von *(beim Passiv)* a, ab + *Abl.*
vorlesen recito 1

W

Waffen, die arma, orum n. Pl.
Wagen, der raeda, ae f.
Wald, der silva, ae f.
warum? cur?, quare?
Weingarten, der vinea, ae f.
weise sapiens, entis
welcher?, welche?, welches? qui?, quae?, quod?
wer? quis?
wie? quomodo?
Wien Vindobona, ae f.
Wind, der ventus, i m.
wir nos
wissen, nicht ignoro 1
wo? ubi?
wohnen habito 1
Wohnsitz, der domicilium, i n.
Wolf, der lupus, i m.

Z

zeigen monstro 1
zerstören deleo 2
zu Hause *(Lok.)* domi
zwölf duodecim

POSITIV-Bücher

Maria Anna Steiner-Klement

Latein positiv!
2. Lernjahr

für die 4. Klasse Gymnasium, die 5. und 6. Klasse Realgymnasium oder die 6. und 7. Klasse Oberstufenrealgymnasium

196 Seiten und 40 Seiten Lösungsheft
Bestell-Nr. 3-215-04736-5

Michael Berthold

POSITIV-TRAINING

Latein
1. Lernjahr

für die 3. Klasse Gymnasium oder die 5. Klasse Realgymnasium

116 Seiten und 36 Seiten Lösungsheft
Bestell-Nr. 3-215-07734-5

„Positiv-Training, Latein" ist als Erweiterung, Ergänzung und Vertiefung zu „Latein positiv!" konzipiert. Wichtige Grammatikkapitel des ersten Lernjahres werden herausgegriffen, knapp und anschaulich erläutert und anhand von reichhaltigem Übungsmaterial **trainiert.**

Alle Übungen sind so zusammengestellt, daß ihre Durchführung an kein bestimmtes Lehrbuch gebunden ist. Das beiliegende **Lösungsheft** ermöglicht eine rasche Leistungskontrolle. Die **Tests** sollen den Schülern helfen festzustellen, ob sie die entsprechenden Grammatikkapitel in prüfungsähnlichen Situationen ausreichend beherrschen.

Steiner-Klement, Hofstätter, Grießl

COMPUTATE! TRIUMPHATE!

Latein im 1. Lernjahr
Grammatik — Übungen — Tests

Computate! Triumphate! ist ein Begleitprogramm zu den Lehrwerken *Imperium Romanum 1A und 1B,* das sowohl für die Verwendung im Unterricht als auch für die selbständige Arbeit des Schülers zu Hause geeignet ist.
Möglich ist auch ein **lehrbuchübergreifender Einsatz** für Wiederholungs- und Nachtragsprüfungen sowie zur Grammatikwiederholung und -vertiefung im 2. Lernjahr bzw. vor Beginn der Originallektüre.
Geboten werden vielfältige Übungstypen mit mehrstufigen Hilfestellungen und Fehlerstatistik sowie **Tests** zum Übungsmaterial mit Auswertung und Auflösung. Der umfangreiche **Grammatikteil** ist bei allen Übungen als Hilfe abrufbar.

Grammatik
- Umfang ca. 160 Bildschirmseiten
- mehrfärbige Bildschirmgestaltung
- stufenweiser Aufbau von Formen und Sätzen
- bei allen Übungen als Hilfe abrufbar

Übungstypen
- Analogiebildungen
- Auswahlübungen
- Ergänzungsübungen
- Formenübungen
- Fragen
- Kontextübungen
- Lückentexte
- Übersetzungsübungen
- Umformungsübungen
- Zuordnungsübungen

Das Programm ist menügesteuert, bietet mehrere Stufen der Hilfestellung an, erklärt die Tastaturbelegung in jeder Programmebene und ist daher besonders benützerfreundlich.

Computate! Triumphate!
Bestell-Nr. 3-215-07031-6

Demodiskette
Bestell-Nr. 3-215-07709-4

Format: 1 Diskette 5¼ Zoll (1,2 MB) und 1 Diskette 3½ Zoll
Für IBM PC und Kompatible mit Farbgrafikkarte und Farbmonitor, 640 KB RAM
Betriebssystem: MS-DOS

ÖBV Pädagogischer Verlag